www.ingramcontent.com/pod-product-compliance
Lightning Source LLC
LaVergne TN
LVHW031241190726
843493LV00010B/2970

#1

<h1 style="text-align:center">سلسلة مذكرات طالب</h1>

مذكرات طالب

السلة الحاسمة

بقلم جيف كيني

AMULET BOOKS

الدار العربية للعلوم ناشرون
Arab Scientific Publishers, Inc.

الطبعة الأولى

1443 هـ - 2022 م

ردمك 978-614-01-3374-7

جميع الحقوق محفوظة للناشر: 

إصدار

الدار العربية للعلوم ناشرون م م ح

مركز الأعمال، مدينة الشارقة للنشر

المنطقة الحرة، الشارقة

الإمارات العربية المتحدة

جوال: 585597200 971+ - داخلي: 0585597200

هاتف: 786233 – 785108 – 785107 (961-1+)

البريد الإلكتروني: asp@asp.com.lb

الموقع على شبكة الإنترنت: http://www.asp.com.lb

الطباعة: شركة مطابع نجد التجارية

المنطقة الصناعية ص.ب. 629 الرياض 11421

المملكة العربية السعودية

إلى ويل وغرانت

<h1 style="text-align:center">سبتمبر</h1>

<u>الإثنين</u>

ذات مرّة سمعتُ أنّ الرياضيين يولدون بمورّثات خاصّة تجعلهم ماهرين في الرياضة. حسناً، أيّاً تكن تلك المورّثات، أعتقد أنّني ولدتُ من دونها.

تردّد أمّي دائماً أنّ لكلّ عضو في الفريق دور مهمّ يؤدّيه. ولكن عندما يتعلّق الأمر بالرياضة، يبدو أنّ وظيفتي تقتصر على جعل بقيّة أعضاء الفريق يظهرون بمظهر جيّد.

في هذه المرحلة من حياتي، أنا واثق من أنّني لن أكبر لأصبح لاعباً رياضياً محترفاً. لذلك، ها أنا أعلن اعتزالي رسميّاً.

الغريب في الأمر أنّني لطالما أحببتُ الرياضة في الماضي. لكن كان ذلك في مرحلة الحضانة، عندما كانت الرياضة لا تزال ممتعة بالنسبة إليّ. كانت كرة القدم الرياضةَ الأولى التي مارستُها. صحيح أنّني لم آكن أعرف القواعد، لكن ذلك كان حال بقيّة الأطفال أيضاً. لذا، اقتصر الأمر في معظم الأوقات على فوضى عارمة في الملعب.

أينما ذهبت الكُرة، طاردناها جميعاً. وبين الحين والآخر، كانت الكُرة تُفلتُ من بين أقدامنا وتستقرّ في مرمى أحدهم، فيحتفل الجميع بالهدف.

لم يكن أحد يسجّل النتيجة، ولذلك لم نعرف قطّ
من الذي فاز أو خسر. أمّا أهالينا، فلم يكترثوا البتّة
لما يجري، لأنّهم كانوا شديدي الانشغال بأمورهم.

كان الحكّام من أولاد المدارس الإعدادية، ولم يهتمّوا
باللعبة حقّاً هم أيضاً.

9

في الواقع، لم يتكبّد الحكّام حتّى عناء نفخ صافراتهم عند خروج الكرة من الملعب. لذا، كنّا نلعب معظم الوقت خارج حدود الملعب من دون حتّى أن ندرك ذلك.

بعد انتهاء المباراة، كنّا نذهب دائماً لشراء العصائر والسكاكر من الكشك المجاور. وفي بعض الأحيان، لا ننتظر حتّى تنتهي المباراة لكي نكافئ أنفسنا بالمشتريات.

كان المدرّبون رائعين معنا حقّاً، وحرصوا على
حصول الجميع على فرصة لتسجيل هدف. وهذا ما
جعل الجميع يشعرون بالرضا عن أنفسهم.

في ذلك الوقت، كنتُ واثقاً من أنّني سأكبر لأصبح
لاعب كرة قدم محترفاً. حتّى إنّني حافظتُ على
بطاقة انتسابي كمبتدئ بحالة جيّدة، في حال تبيّن
أنّها ستصبح ذات قيمة يوماً ما.

لكن عندما أصبحنا في روضة الأطفال، تغيّر كلّ شيء. بدأ الحكّام باستخدام صافراتهم، ولم يسمحوا لنا بارتكاب الأخطاء التي أفلتنا بها في العام السابق.

في ذلك الفصل، كان الحكّام يطلقون صافراتهم كلّما لمستُ الكرة تقريباً. لذلك، كلّما شاركتُ في إحدى المباريات، كنتُ أقف في زاوية الملعب، وأدعو الله ألّا تتدحرج الكرة نحوي.

هذا لا يعني أنّه كان ينالني نصيب كبير من اللعب في روضة الأطفال، على أيّ حال. فالمدرّب لم يكن يشرك في المباراة سوى الأولاد البارعين، بينما نكتفي نحن البقيّة بالجلوس على مقعد الاحتياط.

أخبرتني أمّي في ذلك الوقت أنّ المدرّب لا يشركني في اللعب لأنّني «سلاحه السرّي» الذي يحتفظ به للأوقات الحرجة.

غير أنّني لم أفهم آنذاك أنّ أمّي كانت تحاول أن تجعلني أشعر بالرضى عن نفسي وحسب. لذا، كلّما ناداني المدرّب للعب، كنت أذهب إليه معتقداً أنّني نجم من نجوم الكرة.

حتّى كُشك الوجبات الخفيفة لم يكن ممتعاً في ذلك العام. فقد اشتكى بعض الأهالي من أنّه يُكثر من بيع الوجبات السريعة. لذا، قاموا باستبدال العصائر المصنّعة وغيرها من السكّريّات بخيارات صحّية.

إلّا أنّ مبيعات الكشك من العصائر المصنّعة كانت تغطّي تكاليف صيانة الملعب. لهذا السبب، لم تتمكن إدارة المنتزهات في ذلك العام من جزّ العشب سوى مرّة واحدة كلّ ثلاثة أسابيع، الأمر الذي أدّى إلى إبطاء حركتنا كثيراً.

وبعدما التقطت مجموعة من الأطفال القراد نتيجة لعب كرة القدم بين العشب الطويل، قـرّروا إنهاء الموسم باكراً، الأمر الذي ناسبني تماماً.

مع ذلك، أشعر أحياناً بالأسف لأنّني لم أبرع يوماً في الرياضة، لا سيّما وأنّ أبي كان يأمل على ما أظنّ أن أصبح نجماً رياضياً. فكلّما ذهب إلى المكتبة، عاد إلى المنزل حاملاً معه مجموعة من الكتب عن هذا الموضوع.

أنا واثق من أنّ بعض الأطفال يحبّون هذه الأنواع من القصص، على عكسي تماماً.

إذا ذهبتم إلى المكتبة، فستجدون كتباً متنوّعة عن أولاد يقومون بإنجازات مذهلة، ويحقّقون الفوز للفرق التي يلعبون لصالحها. لكن بالنسبة إليّ، لم تكن لديّ أيّ تجارب من هذا القبيل، وأنا واثق أنّه ثمّة أولاد كثر مثلي.

لذا، على أحدهم أن يكتب عنّا نحن البقيّة يوماً ما.

هذا لا يعني أنّني معادٍ للرياضة بأيّ شكل من الأشكال، لا بل أنا أحبّها تماماً، ما دمتُ لستُ لاعباً فيها. في الواقع، شاهدت هذا الصيف الألعاب الأولمبية على التلفزيون من دون انقطاع تقريباً.

في الحقيقة، كانت فكرةَ أُمّي أن نشاهد المباريات معاً كأسرة. إذ قالت إنّ النّاس منعزلون هذه الأيّام في فقاعاتهم الصغيرة، والرياضة واحدة من الأشياء القليلة التي ما زالت قادرة على الجمع بين النّاس. لكنّني أعتقد أنّ بعضاً من الترابط يفي بالغرض.

تقول أمّي إنّها تحبّ الألعاب الأولمبيّة لأنّها تُظهر ما يمكن للبشر تحقيقه في أفضل حالاتهم . أمّا أنا فأحبّ مشاهدتها لرؤية الأخطاء المربكة .

في الحقيقة، يسرّني أن يكون الخاسر شخص آخر ولستُ أنا . فلا شكّ أنّني سأتوتّر وأشعر بالإحراج إذا علمتُ أنّ ملايين النّاس يشاهدونني من منازلهم . ومن المعروف أيضاً أنّه يُفترض باللاعب، عندما يخطئ في الألعاب الأولمبية، أن يتصرّف بلباقة حيال ذلك .

ولكن إذا كنتُ قد أمضيتُ أربع سنوات من حياتي وأنا أتدرّب، ثمّ ارتكبت خطأً سخيفاً، فأنا متأكّد من أنّني سأواجه صعوبة في الابتسام للكاميرات .

لهذا السبب، أفضّل ممارسة إحدى تلك الرياضات التي أكون فيها جزءاً من فريق . ففي هذه الحالة، عندما أرتكب خطأً، يصعب على الناس معرفة الفاعل .

في الواقع، إذا لعبتُ في الألعاب الأولمبية يوماً ما، فإنّني سأشارك في إحدى تلك المباريات التي تتضمّن ركوب حصان. هكذا، إذا وقع خطأ ما، فسيكون لديّ على الأقلّ شريك ألقي باللوم عليه.

ولكن لدى التفكير في الأمر، أرى أنّ هذا قد يكون السبب وراء سلوك الخيول العدائيّ في بعض الأحيان.

على الرغم من أنّنا تابعنا جزءاً كبيراً من تغطية الألعاب الأولمبية، إلّا أنّني ما زلت لا أفهم الطريقة التي تسير بها الأمور.

أوّلاً، أنا لا أفهم لماذا لا يوزّعون الميداليّات إلّا على اللاعبين الذين يحتلّون المراكز الثلاثة الأولى في المنافسة. إذ يبدو لي أنّ بإمكانهم المضيّ في توزيع الميداليّات للجميع، بحيث لا يعود أحد إلى منزله خالي الوفاض.

والحال الآن أنّهم يمنحون ميداليّة ذهبيّة للفائز بالمركز الأوّل، وميداليّة فضّيّة للفائز بالمركز الثاني، وميداليّة برونزيّة لصاحب المركز الثالث. غير أنّني أرى أنّ فارق القيمة كبير جدّاً بين الفضّة والبرونز.

على الأقلِّ، يُعدّ الذهب والفضّة ذوا قيمة. ولكن إذا فزتم بميداليّة برونزية، فلن يشترونها منكم سوى مقابل بضعة دولارات، هذا إن حالفكم الحظّ.

أعتقد أنّ قيمة ميداليّتكم تكون أعلى في اللحظة التي تلي فوزكم بها مباشرة. لذلك، إذا صدف وفزتُ بواحدة، فإنّني سأحاول الاستفادة من جمهور التلفاز للعثور على مشترٍ.

خـلال حفـل توزيـع الميداليّات، يقـف الرياضيّـون الثلاثة الأوائـل على منصّـة، ثم يُعـزف النشـيد الوطني للحائـز علـى الميداليّـة الذهبيّـة، بينمـا يكتفي الرياضيّـات الآخـرات بالوقـوف هنـاك والاستماع. ولكن إذا ما فزتُ يومـاً بميداليّـة من الفضّـة أو البرونـز، فإنّنـي سأضـع سمّاعـات أذن، وأرقـص علـى أنغـامي الخاصّـة.

من الأمـور المفضّلـة لـدى أمّـي في الألعـاب الأولمبيـة هي الأجـزاء التـي يـروون فيهـا قصـص حيـاة الرياضيّـين المتنافسـين. فبعـض القصـص ملهمـة حقّـاً، لأنّ كثيـراً مـن هؤلاء اللاعبـين اضطـرّوا لمواجهـة تحـدّيات صعبة والتغلّـب عليهـا لبلـوغ هذه المرحلة.

لكن إذا حدث ووصلت إلى الأولمبياد، فلن تكون قصّتي ملهمة لأحد على الإطلاق.

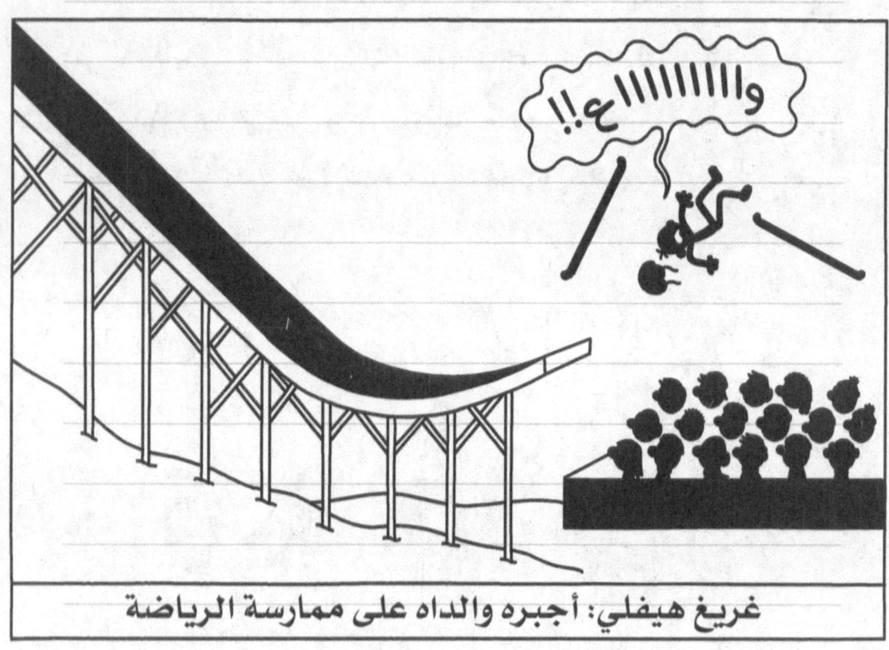

غريغ هيفلي: أجبره والداه على ممارسة الرياضة

تخبرني أمّي باستمرار أنّه بإمكاني في يوم من الأيّام أن أشارك في الألعاب الأولمبيّة، وأنّ عليّ أن أبدأ «رحلتي الأولمبيّة» الآن. إلا أنّني متأكّد من أن الأوان قد فات على ذلك.

بالنسبة إلى معظم الرياضات، عليكم أن تبدأوا اللعب في سنّ مبكّرة جدّاً إذا أردتم أن تبرعوا فيها حقّاً. لذا، حتّى لو أخذتُ الأمر على محمل الجدّ، فأنا متأكّد من أنّني سأتنافس مع أولاد في نصف عمري.

سمعتُ أنّهم في بعض البلدان يكتشفون الأولاد ذوي الإمكانيّات باكراً جدّاً، ثمّ يرسلونهم إلى آكاديميّات النخبة للتدرّب على مدار الساعة.

أنا لا أعتقد حقّاً أنّه ثمّة أمل في أن أصبح لاعباً أولمبياً. غير أنّ شقيقي ماني ما زال تلميذاً في الحضانة، لذلك، ربّما لا تزال أمامه فرصة.

صحيح أنّني لستُ خبيراً في هذا النوع من الأمور، ولكن بحسب ما رأيتُ، لدى هذا الولد إمكانيّات واضحة على ما يبدو.

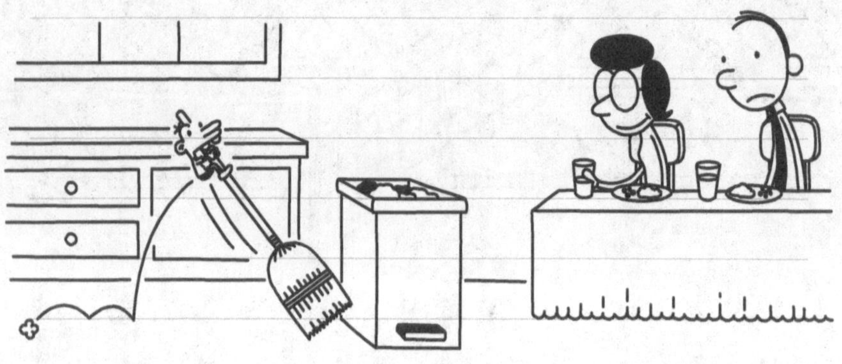

بصراحة، لن أمانع حقّاً إذا ما قرّر أبي وأمّي يوماً إرسالي إلى إحدى تلك الأكاديميّات الرياضية. فهذا يعني أنّني سأُضطرّ إلى مشاركة الحمّام مع عدد أقلّ من الأشخاص.

مع ذلك، ثمّة ربّما بعض أنواع الرياضة التي يمكن أن تبدأوا بممارستها بعد أن تكبروا قليلاً، ولا يزال بالتالي ثمّة أمل لشخص مثلي. فمن الرائع حقّاً للإنسان أن يمثّل بلاده كلاعب أولمبي، بغضّ النظر عن الرياضة التي يتنافس فيها.

وإذا ما فزتُ بميداليّة ذهبية يوماً، فأنا أؤكّد لكم أنّني لن أنزعها من بعد ذلك أبداً.

عندما تفوزون بميدالية ذهبية، فإنّكم تضمنون المستقبل. وحتّى عندما تنتهي مسيرتكم الأولمبيّة، يبقى بإمكانكم جني ثروة من خلال الظهور ومنح التواقيع.

لكنّ المال الحقيقي يكمن في تصوير الإعلانات التلفزيونية. وأنا أنوي الموافقة على كلّ شيء، مادام المبلغ المدفوع مغرياً.

من أفضل جوانب حياة اللاعب الرياضي أنّ بإمكانه التقاعد وهو لا يزال شابّاً. في الواقع، سيكون ذلك رائعاً بالنسبة إلى شخص مثلي. فكثيرة هي الأماكن التي أودّ زيارتها والأشياء التي أرغب في رؤيتها.

لذلك، لا أنوي التخلّي تماماً عن الرياضة. فمن يدري؟ ربّما أصبح يوماً شخصاً يتطلّع إليه الجميع.

سرعان ما تبيّن لي أنّني سأحظى بفرصة لإثبات نفسي في وقت أقرب مِمّا ظننتُ. فعندما عدنا إلى المدرسة بعد انتهاء العطلة الصيفيّة، وجدنا ملصقات معلّقة في الممرّات تعلن عن تنظيم مهرجان رياضي.

في مدرستي الإعداديّة، تقيم الإدارة مهرجاناً رياضيّاً كلّ أربع سنوات. وآخر مرّة أقامت فيها هذا النشاط، كان أخي رودريك في مثل سنّي. أتذكّر أنّه تحمّس آنذاك للمشاركة فيه، لأنّ الصفّ الفائز يحصل على المثلّجات مجّاناً على الغداء.

أمّا هذا العام، فقد رفعوا قيمة الجائزة. هكذا، فإنّ الصفّ الذي يفوز في المنافسة، يحصل على يوم عطلة من المدرسة. وهذا ما شكّل حافزاً للجميع لمحاولة الفوز.

لكنّ أكثر مَن يحتاج حقّاً إلى يوم عطلة كانت السيّدة بوش، معلّمة صفّنا. فهي حامل، ولا تكفّ عن إخبارنا بمدى صعوبة الوقوف على قدميها طوال اليوم.

حسناً، يمكنني أن أستفيد من يوم إجازة من المدرسة أنا الآخر. وبما أنّني لا أريد أن أتخلّى عن السيّدة بوش أو بقيّة فريقي، فقد نويت أن أخوض هذه المنافسة بجدّية.

المسألة أنّني لا أتمتّع بقدر كافٍ من اللياقة حاليًا. لذا، ما لم أفعل شيئاً حيال ذلك، فلن أكون قادراً على إثبات نفسي في اليوم الموعود.

أخبرت أبي أنّني أريد أن أهتمّ بلياقتي، فاقترح عليّ أن أرافقه إلى صالة الألعاب الرياضية. أنا لا أقصد أن أكون وقحاً أو قليل الأدب، لكنّ أبي يرتاد الصالة الرياضية نفسها منذ سنوات، وأيّاً يكن ما يفعله هناك، لا يبدو لي أنّه ينفع حقّاً.

ثمّ فكّرت أنّه مهما تكن التمارين التي يمارسونها هناك، فإنّها أفضل من عاداتي الرياضيّة المعدومة عمليّاً. لذلك، نهضتُ بعد العشاء، وارتديت ملابس رياضيّة، ولحقت بأبي.

كانت الصالة الرياضية مزدحمة، لكنّني لاحظت عدم وجود أشخاص من سنّي هناك على الإطلاق. أخبرني أبي أنّه، من غير المسموح عموماً للأولاد دخول صالة الألعاب الرياضية، لكن إذا لم ألفت الانتباه إلى وجودي، فلن يلحظني أحد.

وجدت نفسي محاطاً بكلّ أنواع المعدّات الفاخرة التي لم أكن أطيق الانتظار لتجربتها. لكنّ أبي رأى أنّه من الأفضل لي أن أبدأ ببطء، ثمّ اصطحبني إلى الجزء من الصالة الذي يحبّ التمرّن فيه.

عندما أراني أبي روتينه الرياضيّ، فهمتُ أخيراً سبب عدم حصوله على أيّ نتائج.

بعد أن مارس أبي بعض تمارين البطن والقفز، قال إنّه سيذهب الآن للاسترخاء في الحمّام البخاري لفترة من الوقت. وهذا يعني أنّني حرّ في ممارسة الرياضة بمفردي.

لكنّ المشكلة أنّني لا أعرف حقّاً كيفيّة استخدام أيّ من تلك الآلات، التي بدت لي كلّها معقّدة للغاية.

لذلك، كان عليّ أن أحاول اكتشاف الأشياء بمفردي، ومع ذلك، بقيت غير واثق تماماً من أنّني أستخدم المعدّات بالطريقة الصحيحة.

ما أردت فعله حقّاً كان تجربة بعض الآلات المزوّدة بشاشات، مثل آلات المشي والدرّاجات الثابتة. إلّا أنّ النّاس تشبّثوا بتلك الآلات وظلّوا يتمرّنون عليها لفترة أطول ممّا يُفترض بهم.

وحتّى عندما ذكّرتهم بلطف أنّ الوقت قد حان لمنح الدور لشخص آخر، لم يبدُ لي أنّ أحداً منهم فهم التلميح.

وبينما كنتُ أنتظر أن تفرغ إحدى الآلات، قضيتُ الوقت بمشاهدة التلفاز. لكنّ جميع أجهزة التلفاز كانت قد ضُبطت على برامج عالم الأعمال المملّة.

فما كان مِنّي إلّا أن عثرت على جهاز التحكّم عن بعد، وغيّرت القناة إلى شيءٍ أكثر إثارة للاهتمام .

لا أعتقد أنّ الجميع يتمتّعون بذوقي في مجال الترفيه، لأنّ إحدى السيّدات تركت آلة المشي لتغيير القناة . ولكن بمجرّد نزولها عن الآلة، اغتنمتُ فرصتي .

كانت ثمّة شاشة كبيرة في مقدّمة آلة المشي، بحيث يمكن للمستخدم الاختيار من بين مجموعة من الأماكن الشهيرة للقيام بنزهته فيها.

هكذا، أمضيت بضع دقائق وأنا أحاول أن أقرّر إلى أين أريد الذهاب.

بعد أن اتّخذت قراري، بدأ الجهاز في التحرّك، وشعرت أنّني كنت أسير بالفعل على طول سور الصين العظيم .

لكن أعتقد أنّ سور الصين العظيم شديد الانحدار، لأنّني كنت أواجه مشكلة في مواكبة الآله . لذا، بعد فترة، وضعت قدمَيّ على جانبَي الحزام المتحرّك، وتابعتُ المسار بالطريقة السهلة، كمُشاهد .

أدركـت أنّـني لا أستغلّ وقتي في صالة الألعاب الرياضية على أفضل وجه، وشعرتُ ببعض الذنب حيال ذلك . لكنّني لم أعرف ما الذي يجب عليّ فعله تالياً، لأنّ خياراتي كانت تنفد .

في تلك اللحظة، تناهت إليّ أصوات غريبة من الغرفة الأخرى، فذهبت لأتحقّق من مصدرها.

اتّضح أنّه ثمّة منطقة مختلفة تماماً في صالة الألعاب، ويبدو أنّ هذا هو المكان الذي يمضي فيه جميع الرياضيّين الخطيرين وقتهم.

أردت أن أبدو مثل هؤلاء الرجال، لكنّني لم أعرف من أين أبــدأ. وعندما أخـذتُ أتجوّل بينهم طلباً للنصيحة، لم أجد أحـداً منهم في مـزاج مناسب للدردشة.

بعد برهة، أدركـت أنّ الناس هناك غير مهتمّين بمساعدة مبتدئ مثلي، ولذلك كان عليّ الاعتماد على نفسي. وأول قرار تحتّم عليّ اتّخاذه، كان يتعلّق بالعضلات التي يجب أن أبدأ بالعمل عليها.

تصوّرت أنّه يجدر بي على الأرجح أن أركّز على ذراعَيّ وصدري، لأنّ تلك هي العضلات التي تجعل المرء يبدو أنّه يتمتّع باللياقة.

لذلك قررت أن أبدأ ببعض تمارين العضلة ذات الرأسين وأنطلق من هناك . لكنّني لم أرغب في إجهاد نفسي ، لأنّ ألبرت ساندي أخبرَنا خلال الغداء يوم أمس عن لاعب كمال أجسام فجّر إحدى عضلاته ذات الرأسين ، وأنا لا أريد حتماً حدوث ذلك لي .

اتّضح أنّني لست بحاجة إلى القلق حيال ذلك على الإطلاق، لأنّني لم أستطع حتّى رفع أيّ من الأوزان عن الرفّ .

ظننت أنّ الحظّ قد يحالفني أكثر مع تمرين رفع الأثقال على المقعد، لكنّني عجزتُ عن تحريك العارضة أيضاً. ولا بدّ لي من الاعتراف أنّني بدأت أشعر ببعض الإحباط.

بحلول ذلك الوقت، كان الناس قد بدأوا يحدقون إليّ، ولم أرغب في أن أبدو كأنّني لا أعرف ما أفعله. لذلك بدأت بنزع الأثقال عن العارضة لجعلها أخفّ وزناً بقليل.

لكن تبيّن أنّه ليس من المفترض نزع الأوزان من جانب واحد من العارضة دفعة واحدة. فعند فعل ذلك، تنزلق كلّ الأوزان من الجانب الآخر. ومن الواضح أنّ الناس في غرفة رفع الأثقال لا يحبّون الضجّة.

لذا، أعتقد أنّ هذا هو سبب عدم السماح للأولاد بدخول صالة الألعاب الرياضيّة. لكن لا يبدو لي من الصواب أن يطردوا أبي هو الآخر، لأنّه كان عضواً مخلصاً حقاً.

<u>الخميس</u>

قالت أمّي إنّه عندما يتعلّق الأمر باللياقة البدنية، فإنّ الرياضة لا تشكّل سوى جزء من الصورة. وأكّدت أنّ التغذية لا تقلّ عنها أهمّية، وسيسرّها أن تعلّمني بعض الأمور عن الغذاء الصحّي إذا كنت أرغب حقّاً في التعلّم.

في الواقع، لم أشعر بالرغبة في سماع محاضرة عن الطعام، لكنّني انتهزتُ الفرصة لمرافقتها إلى البقّال. والسبب أنّني أردت المشاركة في انتقاء الطعام الذي سنضعه في خزائننا.

فعندما يذهب ماني إلى المتجر مع أمّي، يختار الأشياء التي يريدها هو. لذلك، تحتوي خزائننا على أغراض عشوائية ومتنوّعة.

أنا لا أقصد إهانة أمّي أو ما إلى ذلك، لكنّ ذوقها رهيب في اختيار الوجبات الخفيفة. فهي تشتري دائماً أشياء صحّية سيّئة المذاق، ولا تُحضر أيّ مشتريات جديدة ما لم نأكل كلّ القديم.

لذا، أصبحت أستضيف في الآونة الأخيرة صديقي المقرّب راولي، ونقيم حفلة «تذوّق» لمساعدتي في إخلاء مساحة في الخزائن.

عندما وصلنا إلى المتجر اليوم، انفصلتُ عن أمّي، ثمّ ملأتُ العربة بمجموعة من المشتريات المفضّلة لديّ. حرصتُ بعد ذلك على إضافة بعض الأطعمة الصحّية، لمجرّد إرضائها وحسب.

لكن اتّضح أنّ فكرتي عن الغذاء الصحّي لا تشبه بشيء، فكرة أمّي. فعندما التقينا من جديد، تفحّصَت كلّ المشتريات التي اخترتُها، وشرحت سبب كونها غير مناسبة لي.

حملت أمّي زجاجة من عصير الفاكهة، ففوجئتُ كثيراً لأنّني كنتُ أظنّ أنّها خيار قويّ جدًّا من جانبي. غير أنّها أكّدت لي أنّ هذا العصير مليء، بالسكّر، ولا يتمتّع بأيّ قيمة غذائية على الإطلاق. فأخبرتُ أمّي أنّها مخطئة، لأنّ الزجاجة تحمل صورة لأطنان من الفواكه المتنوّعة.

فما كان من أمّي إلّا أن أطلعَتني على الملصق، ولم أصدّق حقّاً أنّ بإمكانهم الإفلات بشيٍ كهذا.

قالت أمّي إنّني إذا أردتُ حقّاً معرفة ما هو موجود في الطعام الذي أشتريه، فعليّ قراءة قائمة المكوّنات بعناية. وأخبرتني أنّ علب معكرونة الشيف مارينارا التي وضعتها في العربة حافلة بجميع أنواع الموادّ الكيميائيّة.

لكنّني كنت أعلم أنّ أمّي مخطئة بذلك الشأن، لأنّني رأيت إعلان الشيف مارينارا على التلفاز، ويظهر فيه وهو يصنع المعكرونة بيديه في إيطاليا القديمة.

أرتني أمّي الأحرف الصغيرة المطبوعة على ظهر العلبة، والتي تشرح أنّ الطعام تمّ إنتاجه في مصنع في ديترويت. وقالت إنّ الشيف مارينارا لا وجود له في عالم الواقع على الأرجح، وأنّهم وظّفوا ممثّلاً وحسب لتلك الإعلانات التلفزيونية.

عندما تجلّت لي الحقيقة أخيراً، شعرتُ بالغباء الشديد، ذلك أنّني ارتديت زيّ الشيف مارينارا في معرض الشمع في المدرسة العامَ الماضي.

سرعان ما بدأتُ أتساءل عمّا إذا كان رودي النّتِن شخصاً حقيقياً بالفعل، لأنّ إعلانات رودي النّتِن التلفزيونية تلك تخيفني لدرجة أنّني أواظب على شرب برميل من الحليب كلّ يوم.

أضافت أمّي أنّ شركات الموادّ الغذائيّة ذكيّة جدّاً في دسّ إعلاناتها في أماكن لا يمكن أن نتوقّعها، الأمر الذي ذكّرني على الفور بالملصقات المنتشرة بكثرة في أروقة مدرستنا.

كما أوضَحَت لي أنّه، في بعض الأحيان، تستخدم شركات الموادّ الغذائية المعلّبة شخصيّات كرتونيّة لجعل الأطفال الصغار يرغبون في استهلاك منتجاتهم. وأنا أعتقد أنّها على حقّ في ذلك. فقبل مغادرتنا المنزل اليوم، كان ماني يشاهد حلقة من مسلسله المحبوب «غرغور»، وفيه كان غرغور النَّهِم يفطر على وعاء من سكاكر القمح المقرمشة.

أخبرتني أمّي أنّها عندما تشتري طعاماً للعائلة، فإنّها تتحقّق بعناية من الملصقات، ولا تجلب أيّ شيء يحتوي على مكوّنات لا تستطيع نطقها.

أمّا أفضل ما يمكننا فعله برأيها فيتمثّل في شراء طعام لا يحتوي سوى على مكوّن واحد فقط، مثل الفواكه والخضروات.

حسناً، أنا لا أعرف ما إذا كان هذا الأمر يقتصر على جيلي وحسب، ولكن يصعب على طفل مثلي أن يأكل شيئاً غير ملفوف بورق السيلوفان أو غير معبّأ في علبة من الورق المقوّى . في الواقع، لو كانت ألواح الشوكولاتة تنمو في الأرض، فأنا واثق أنّني ما كنتُ لألمسها حتّى .

أمّا إذا أراد تجّار الفواكه والخضروات جذبَ الأطفال لاستهلاك تلك المنتجات، فما عليهم سوى تصعيد لعبتهم الإعلانيّة .

<u>الثلاثاء</u>

غداً موعد المهرجان الرياضي، وقد بدأت الحماسة تتصاعد بالفعل في المدرسة.

دأبت السيّدة بوش مؤخّراً على جعل كلّ طلاب الصفّ يحضرون إلى الحصّة قبل نصف ساعة من موعدها، وذلك لكي نكسب وقتاً إضافياً لوضع استراتيجيّتنا. غير أنّ الوساوس بدأت تلاحقها بشأن ما يفعلونه في الصفوف الأخرى استعداداً لذلك اليوم.

لهذا السبب، طلبت من ليدافيان ميلز اليوم أن يزحف عبر السقف بهدف التجسّس على صفّ الأستاذ درُو المجاور. ولكن اتّضح أنّ السقف ليس متيناً بما فيه الكفاية لتحمّل وزن إنسان.

أكثر ما يقلق السيّدة بوش هو صفّ السيّدة إبشتاين، لأنّه يضمّ مجموعة كبيرة من الرياضيّين. فمن بين طلّابها جيسّي رينج، الذي أعاد الصفّ الثامن مرّتين لمجرّد التمكّن من المشاركة في المهرجان الرياضي ثانيةً.

جيسّي رينج

أمّا الفريق الذي يسبّب لي التوتّر حقّاً فهو صفّ الأستاذ راي، لأنّه صفّ الاحتجاز الصباحي. وفي المهرجان الرياضي، أنا واثق من أنّ هؤلاء الأولاد سيلعبون بقذارة.

اكتشفنا أيضاً أنّنا سننافس اليوم فريقاً مؤلّفاً من الكبار، وهذا ما زاد الأمور سوءاً. فقد ذهب عمّال النظافة إلى نائب المدير، وأعلنوا عن رغبتهم في تشكيل فريق خاصّ بهم لأنّهم يستحقّون يوم عطلة مثلنا تماماً نحن الطلّاب.

أعتقد أنّهم محقّون في ذلك، لكنّ وضع الحمّامات أصبح شنيعاً بالفعل منذ أن بدأوا يمضون كلّ وقتهم في التدريب.

والآن انضمّت عاملات المطبخ إلى هذا الحدث، وبنتيجة ذلك تحوّلت الكافتيريا عموماً إلى صالة ألعاب رياضية.

تفاقم قلق الأساتذة، فما كان منهم إلّا أن بدأوا بتبادل الطلّاب بين الصفوف لتحسين فرص فوز فِرَقهم. فأرسل الأستاذ إسبر أسرع فتاة في مدرستنا، آفا هوليس، إلى صفّ السيّدة جوي، وأخذ بدلاً منها توماس شيف، المتخصّص على ما يبدو في رمي الإسفنج.

أمام حركة التبادل الناشطة تلك، بدأت السيّدة بوش تفكر في اتّخاذ بعض الخطوات المشابهة هي الأخرى.

حتّى إنّها كلّفتني بمهمّة استكشاف أولاد من بعض الصفوف الأخرى لمعرفة من يجب علينا إلحاقه في فريقنا.

لهذا السبب، حزّ في قلبي أن تستبدلني السيّدة بوش، أنا وطالبَين آخرَين، بجيسي رينج، وتعطِيَنا مجموعة من أقلام السبّورة لإسكاتنا.

<u>الخميس</u>

كانَ أمس موعد المهرجان الرياضي في المدرسة، وقد بدأ ببعض الجدل. فقبل أن يرنّ الجرس الأوّل، قام الأستاذ راي باحتجاز جيسي رينج لمجرّد سرقته وضمّه إلى فريقه.

بنتيجة ذلك، أصبح فريق الأستاذ راي مليئاً باللاعبين المهرة، وانعدمت فرصنا في الفور نحن البقيّة.

قبل أن ينطلق المهرجان الرياضي، جمعت السيّدة إبشتاين فريقنا في الملعب لمناقشة الاستراتيجية وإجراء بعض التعديلات الأخيرة. غير أنّني لم أستطع أن أفهم بعد سبب اختيارها لنا أنا والولدين الآخرين بدلاً من جيسي رينج.

كنتُ مشاركاً في منافسة واحدة فقط، وهي سباق الثلاثة أرجل. وكان شريكي ماديسون بيرك، الذي يزيدني طولاً بنحو 35 سنتمتراً، ممّا جعل الأمر مربكاً نوعاً ما.

لكن عندما بدأ السباق، فهمت أخيراً استراتيجية السيّدة إبشتاين. فهي لم تضمّني إلى فريقها لأنني سريع، بل قايضت جيسي بي لأنّني خفيف.

احتللنا أنا وماديسون المركز الأوّل، وكانت بداية جيّدة لفريقنا. غير أنّنا واجهنا انتكاسة كبيرة بعد بضع دقائق عندما لوى مارسيلو روميرا كاحله في سباق الكيس. لكن سرعان ما اتّضح أنّ عاملات المطبخ تركن بعض حبّات البطاطس في عدد من الأكياس، وأنا واثق أنّ الأمر لم يكن مجرّد حادث.

كان من المفترض أن يَجري مارسيلو في سباق الخمسين ياردة بعد ذلك، وكانت بقيّة الأولاد في فريقنا مشاركين في منافسات أخرى. لذا قالت لي السيّدة إبشتاين إنّه عليّ الحلول كبديل له.

حللتُ في المركز ما قبل الأخير لأنّني كنت لا أزال منهكاً من سباق الثلاثة أرجل. لكن في الواقع، أنا لا أستطيع الجري بسرعة حقّاً من دون حافز.

أسرع مرّة جريتُ فيها على الإطلاق كانت عندما طاردني رودريك بعد أن داس على فضلات كلب وضحكتُ عليه. أؤكّد لكم أنّه لو قاس أحدهم سرعتي في ذلك اليوم، لوجد حتماً أنّها تجاري سرعة فهد.

كان السبب الوحيد لعدم حلولي في المركز الأخير في سباق الخمسين ياردة أنّه بمجرّد بدء السباق، سقط جيسي رينج على وجهه. وعندما حدث ذلك، تصوّرتُ أنّه تعثّر برباط حذائه أو شيء، من هذا القبيل.

لكن تبيّن أنّه تلقّى المال مقابل السقوط عمداً. وما كان أحد ليكتشف ذلك لو لم يقبض عليه نائب المدير روي متلبّساً بعد السباق وهو يتقاضى أجره خلف المدرسة.

لم يشأ جيسي أن يتعرّض للطرد، لذلك وشى بالفتيان المتواطئين معه في تلك الخطّة. وتبيّن أنّ هؤلاء الفتيان كانوا يديرون عمليّة قمار كاملة من غرفة العروض السمعية البصرية في الطابق الثاني.

كان باقي أعضاء فريق الأستاذ راي يغشّون هم أيضاً، لكنّ هذا لم يفاجئ أحداً.

فقد عمد هؤلاء الفتيان إلى تخزين بالونات الماء في ثلّاجة الكافتيريا. والسبب الوحيد وراء افتضاح أمرهم أنّ جورج رالستون أصاب ميكي أردالا وطرحه أرضاً بتسديدة خاطئة خلال مباراة رمي البالونات.

فاز فريق السيّدة بوش بلعبة رمي كيس الحبوب، وتقدّموا على باقي الفِرق لبعض الوقت. لكن بعد ذلك، حقّق فريق الأستاذ تشاو انتصارات متتالية في سباق دلو الماء ورمي الإسفنج، وهكذا حلّوا هم في الصدارة.

بدأ فريق عمال النظافة بارتقاء المراتب، وكانوا سيحتلّون الصدارة على الأرجح لو أنّ ذراعا السيّد واشنطن لم تخوناه خلال سباق عربات الأيدي.

كانت لعبة شدّ الحبل المباراةَ الأخيرة لذلك اليوم، وانحصرت بفريق السيّدة بوش ضدّ عاملات المطبخ. ظننتُ أنّ فريق السيّدة بوش سيفوز بكلّ تأكيد، لكنّ عاملات المطبخ تفوّقن عليهم بفضل السيّدة فرولي، التي وضعت كلّ ثقلها لتثبيت الحبل.

عندما عدنا إلى فصولنا الدراسية بعد المنافسة، شعرنا جميعاً بالدهشة لأنّ عاملات الكافيتريا هنّ اللواتي فُزن بيوم الإجازة من المدرسة. كما أصابنا شيء من التوتّر حين سمعنا أنّ عمّال النظافة هم مَن سيحلّون مكانهنّ خلال الغداء.

لكن أعتقد أنّ المدرسة أدركَت أنّ المشهد سيكون قبيحاً. لذا، وقبل أن يرنّ جرس الحصّة الأخيرة، أعلن نائب المدير روي أنّ الجميع سينالون إجازة يوم الجمعة.

كنتُ في غاية الحماسة لقضاء يوم كامل على هواي من دون أن يكون لديّ ما أفعله، وكنت أتطلّع إلى النوم حتّى ساعة متأخّرة.

عندما عرفت أمّي بيوم إجازتي، حدّدت كومة من المواعيد لإنجاز مهام عالقة.

كنت في مزاج سيّئ، طوال اليوم، على عكس أمّي التي أرادت أن ندردش سويّة. سألتني عن المهرجان الرياضي وما إذا استمتعت بوقتي. فما كان منّي إلّا أن أخبرتها بالحقيقة، وهي أنّه كان يوماً مريعاً.

قالت أمّي إنّني لم أحظَ قطّ بتجربة جيّدة مع الرياضة لأنّني لم أكن يوماً جزءاً من فريق.

غير أنّني أخبرتها أنّني كنتُ عضواً في فريق في المهرجان الرياضي، كما انتميتُ إلى عدد من الفِرق الرياضية الأخرى أيضاً. لذا أظنّ أنّها حجبت تلك الذكريات لأنّها تتمنّى لو كنتُ رياضياً ماهراً.

قالت أمّي إنّها تقصد أن أكون جزءاً من فريق حقيقي جميع من فيه يدعمون بعضهم بعضاً. وأخبرتني أنّ بعضاً من أسعد أوقاتها أيّام الطفولة هي تلك التي كانت تمارس فيها الرياضة في المدرسة الإعدادية.

أضافت أمّي أنّ أجمل ما في حياة الفريق أننا نتعلّم كيفيّة التعاون، ومن ثمّ يمكننا استخدام هذه المهارات لبقيّة حياتنا، لا سيّما في مجال العمل.

استغربتُ كلامها بعض الشيء،، لكن أعتقد أنّني لا أعرف حقّاً كيف يتصرّف الكبار عندما يكونون في العمل.

بعد ذلك، طلبت أمّي أن أمنح الرياضة الجماعية فرصة أخرى، وإذا لم ينجح الأمر، فإنّها لن تزعجني بعد الآن. فأجبتها أنّني سأفكر في الأمر، لكنّني آمل في الحقيقة أن تنسى المسألة بعد يوم أو يومين.

لا أفهم حقّاً سبب انشغال الناس بالرياضة إلى هذا الحدّ. فبرأيي، ثمّة أمور أكثر أهمية في الحياة.

إذا تمكّن أحدهم من رمي كرة بيسبول بسرعة 100 ميل في الساعة، فإنّه سيجني ملايين الدولارات، وسيعلّق الأولاد صوره على جدران غرفهم.

أمّا إذا توصّل أحد العلماء لاكتشاف علاج للسرطان يوماً ما، فسيكون محظوظاً إذا ما نال تربيتة على ظهره.

لطالما تساءلت كيف بدأت الرياضة في الأساس. ففي العصور القديمة، كان الناس دائماً في حالة حرب، وأعتقد أنّهم قرّروا إيجاد طريقة يمكنهم من خلالها تسوية خلافاتهم من دون قتل بعضهم البعض. هكذا، جاء أحدهم بفكرة الرياضة كحلّ أكثر سلمية.

لكن مع مرور الوقت، تطوّرت الرياضة، وأصبح لدينا في الوقت الحاضر جالب حظّ للفريق، ومشجّعون، ورياضيّون محترفون.

لم أشاهد مباراة رياضيّة احترافيّة سوى مرّة واحدة في حياتي، وكان ذلك عندما اصطحبني أبي إلي المدينة لمشاهدة مباراة كرة قدم. بصراحة، لا أتذكّر الكثير عن اللعبة نفسها، غير أنّني أتذكّر كلّ شيء آخر حدث في ذلك اليوم.

لم يرغب أبي في إنفاق المال عبثاً وركن سيّارته بالقرب من الملعب، لذلك انتهى بنا المطاف على بعد نحو ميل، في مساحة أرض موحلة. هناك، أخرج شوّايته المحمولة، وشوينا البرغر، وأمضينا وقتاً ممتعاً حقّاً.

لكنّني أكثرتُ من المشروبات الغازية أكثر بكثير من العادة. وفي طريقنا إلى الملعب، علمت أنّه يتوجّب عليّ أن أجد حمّاماً، وإلّا فسأبلّل سروالي حتماً.

لم يرغب أبي في التوقّف عند أحد المراحيض النقّالة لأن طوابيرها كانت طويلة جداً. فأخبرته أنّني لا أعتقد أنّ بإمكاني الوصول إلى الملعب، لذلك توسّلت إليه للسماح لي بالتوقّف.

اضطررتُ للانتظار لمدّة عشرين دقيقة في الطابور، إلى أن حان دوري في النهاية. غير أنّني تمنّيت لو أنّ أبي حذّرني مسبقاً من الحالة التي تكون عليها هذه الحمّامات في الداخل، لأنّه لو فعل، لكنتُ أمسكتُ نفسي.

كان توقُّفي عند الحمّام خطوة ذكية، على الرغم من كلّ شيء. فعندما وصلنا إلى الملعب، وجدنا أمامنا طابوراً طويلاً آخر للأمن. وهكذا فاتنا الربع الأوّل بآكمله ونحن ننتظر الدخول.

عندما دخلنا الملعب أخيراً وعثرنا على مقاعدنا، وجدنا بعض الرجال جالسين عليها. فاستغرق الأمر وقتاً طويلاً لحلّ تلك المسألة.

لا أعرف أساساً لماذا يتكلّفون عناء حجز مقاعد،
ذلك لأنّ أحداً لم يجلس عليها على أيّ حال . وأسوأ
ما في الأمر أنّ معظم المتفرّجين في قسمنا كانوا
أطول منّي قامة بحيث حجبوا عنّي الرؤية بالكامل .

بما أنّني لم أتمكّن من رؤية أرض الملعب، لم تكن
لديّ أيّ فكرة عمّا يجري هناك . وكان أبي شديد
الانشغال بالمباراة لدرجة أنّه لم يخبرني بشيء .

في نهاية المطاف، أدركتُ أنّه بإمكاني مشاهدة
المباراة على شاشة الجامبوترون، وهي عن عبارة
شاشة عملاقة معلّقة عالياً فوق الملعب .

كلّما طرأ توقّف في اللعب، كانوا يحوّلون الكاميرات على المشجّعين.

كان لديهم ما يسمّى «عشّاق اللعبة»، يمكنكم فيه الفوز بجائزة عن طريق التصرّف بجنون عندما يعرضونكم على الشاشة. وكان بعض الناس يجارونهم في ذلك حقّاً.

عرفتُ أنّ فرصي في الفوز بلقطة لعشّاق اللعبة شبه معدومة ما دمتُ جالساً خلف مجموعة من الناس. لذلك، خلال إحدى فترات الاستراحة، وقفتُ في الممرّ، وبذلتُ ما في وسعي لجذب الكاميرات.

لكن أعتقد أنّني سبّبتُ لأبي الإحراج، لأنّه أعطاني بعض المال وطلب منّي أن أصعد إلى الردهة وأشتري بعض الوجبات الخفيفة وهديّة تذكاريّة.

أنفقت مالي على كيسٍ من الفوشار وإصبع إسفنجيّ ضخم. لكن عندما استدرت مبتعداً عن متجر الهدايا التذكارية، دوى صوت عالٍ هزّ الملعب بأكمله.

يبدو أنّه كلّما سجّل الفريق المضيف هدفاً، يطلقون المدفعيّة. لكن تمنّيت لو أنّ أبي حذّرني من أنّ هذا قد يحدث، لأنّني اعتقدت فعلاً أنّنا في خطر.

بعدما تأكّدت من أنّ كلّ شيء، على ما يرام، ذهبت للبحث عن أبي. غير أنّني عجزتُ عن تذكّر القسم الذي كنّا نجلس فيه، وكانت تذاكرنا معه هو.

بدأت أشعر بالذعر، لا سيّما وأنّ ذاك الملعب كان يحتوي على 80 ألف شخص، وكان الجميع متشابهين من الخلف. بالإضافة إلى ذلك، كانت اللعبة في أوجها، والمشجعون منشغلين للغاية لمساعدة طفل ضائع.

لحسن الحظّ، رآني أحد المرشدين وأنا أتجوّل في الردهة وأخذني إلى مركز البحث عن الأطفال.

طرحوا عليّ بعض الأسئلة حول من أكون، وأينَ رأيتُ أبي آخر مرّة، ولكن بحلول ذلك الوقت، كنت مضطرباً للغاية وبالكاد أتذكّر اسمي.

وإذا بكاميرا تومض في وجهي، ثمّ ما لبثت صورتي أن عُرضت على الشاشة العملاقة.

ثمّ أدركت أنّ هذه فرصتي للفوز بلقطة عشّاق اللعبة، لذلك استفدت منها قدر الإمكان.

كان الخبر السارّ أنّ فريقنا فاز في الثانية الأخيرة. أمّا الخبر السيّئ، فهو أنّ أبي لم يتمكّن من رؤية ذلك لأنّه اضطرّ للمجيء، لاصطحابي. وصدّقوا أو لا تصدّقوا، فقد فزت بمسابقة عشّاق اللعبة، وحصلنا على تذكرتَين مجانيّتين للمباراة التالية.

لكن لا أتذكّر أنّني رافقتُ أبي إلى مباراة أخرى من بعد ذلك، لهذا السبب، أعتقد أنّه اصطحب رودريك عوضاً عنّي.

ما علق في ذهني حقاً في ذلك اليوم كيف أنّهم حاولوا إبقاء النهار مسلّياً بالنسبة إلى الجمهور. وأعتقد أنّ بإمكان جمعيتنا الخيرية أن تتعلّم بعض الدروس من خبرة الرياضة الاحترافيّة.

أوّلاً، عندما يقدّم ونت رئيس الجمعية والأعضاء، يجب عليهم إطفاء الأضواء وتشغيل الموسيقى الصاخبة، لأنّ ذلك سيشعل حماسة الحضور.

أمر آخر يمكنهم فعله، ألا وهو ابتكار شخصيّة جالبة للحظّ لجعل الحفل أكثر متعة للأولاد الصغار.

كما ينبغي في بعض الأحيان تقسيم البرنامج للحفاظ على نشاط الحضور. في سبيل ذلك، بإمكانهم تقديم عرض في منتصف الوقت. وثمّة كثير من العروض الجنونية التي يمكن تنظيمها بهدف الترفيه.

لكنّ أكبر ترقية لتجربة الجمعية تتمثّل في إضافة شاشة عملاقة. كبداية، سيساعد ذلك الأشخاص الجالسين في الصفوف الخلفية على الشعور أنّهم أقرب إلى مركز الحدث.

يمكنهم حتّى تنظيم سحب قرعة للسماح للأشخاص الذين جاءوا متأخّرين بالحصول على مقعد في الصفّ الأماميّ.

بالإضافة إلى ذلك، يمكنهم استخدام الشاشة العملاقة لتشجيع الناس على أن يكونوا أكثر كرماً عند تمرير سلّة التبرّعات.

لديّ كدسة من الاقتراحات الأخرى، حتّى إنّني خصّصتُ بعض الوقت لكتابتها. لكن أظنّ أنّ الأشخاص الذين يشرفون على جمعيتنا شديدو الانشغال، لأنّني لم أحصل على ردّ منهم بعد.

أكتوبر

كنت آمل حقّاً أن تنسى أمّي أمر انضمامي إلى فريق رياضيّ، لكنّها راحت تضغط عليّ بشكل يوميّ.

حاولت أن أشرح لها أنّه في غضون عشرين عاماً من الآن سيتمّ استبدال الرياضة العادية بالرياضات الإلكترونية، ولن يضطرّ الرياضيّون حتّى للنهوض عن أرائكهم للمشاركة في المباريات. لكن أعتقد أنّها لا يمكن أن تشعر في سنّها بالحماسة لما ستكون عليه الأمور في المستقبل.

من أسباب عدم اتّخاذي قراراً بشأن الرياضة التي سأمارسها أنّني لستُ بارعاً حقّاً في أيّ شيء.

حاولتُ أن أعصر دماغي مؤخّراً في محاولة لتذكّر يومٍ واحد قمتُ فيه بنشاط رياضيّ، علّ ذلك يساعدني على معرفة نوع الرياضة المناسبة لي.

لكن لم يخطر ببالي سوى ذلك اليوم الذي كنّا نتناول فيه غداءنا، فكوّرتُ منديلاً ورميته، ليحطّ في كوب حليب فارغ يحمله جاستين وايت.

عندما قمتُ بتلك التسديدة، جنّ جنون الكافتيريا بأكملها. وأنا متأكّد من أنّه أكبر إنجاز رياضي حقّقته في حياتي.

حتّى إنّ بعض الأشخاص اقترحوا تعليق لوحة في الموقع الذي رميت منه المنديل، لكَي يعرف جيل المستقبل بذلك الحدث.

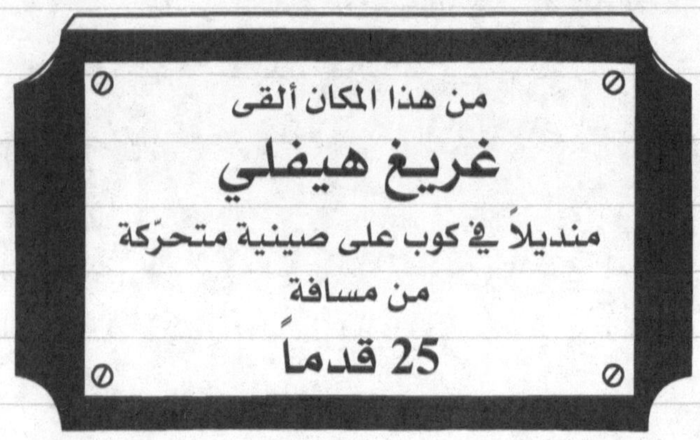

ولبقيّة ذلك العام، لم يملّ الأولاد من محاولة تقليد تسديدتي، وهذا ما حوّل فترة الغداء إلى كابوس.

خطر ببالي أنّ تسديدة المنديل تثبت أنّني أملك بعض الموهبة، فأخبرت أمّي أنّه ربّما يمكنني تجربة فريق كرة السلّة.

ملأها هذا الخبر حماسة، وأخبرتني أنّها مارست لعبة كرة السلّة عندما كانت في سنّي، وكان فريقها جيّداً حقّاً. ثمّ أعلنت أنّ مهارات كرة السلّة قد تكون متوارثة في عائلتنا.

قالت أمّي إنّ فريقها وصل إلى نهائيات الولاية في أحد الأعوام. لكن عندما سألتُها عمّا حدث في مباراة البطولة، أجابت أنّ ذلك ليس بذي أهمّية.

قالت أمّي إنّ المهمّ أن أكون جزءاً من فريق . ثمّ ما لبثت أن ذهبت إلى جهاز الكمبيوتر لاستطلاع كيفيّة تسجيلي في اللعبة .

كنتُ سعيداً بحماسةُ أمّي لاختياري رياضة معيّنة أخيراً، ولكن كان ثمّة في الواقع سبب آخر لاستقراري على كرة السلّة .

فقد سمعت بعض الطلّاب يتحدّثون عن تجارب أداء تقام في المدرسة اليوم، وسيتمّ على أساسها تأليف فريقَين فقط لصفّي بكلّ شُعَبِه، مع عشرة لاعبين في كلّ منها. وإذا لم ينضمّ الطالب إلى أحدهما، فإنّه يُستَبعد .

أنا واثق من أنّ كثيراً من الطلّاب سيجرّبون حظّهم في الأسبوع المقبل، لذا، من المؤكّد أنّني لا أملك فرصة في الفوز . وبمجرّد انتهاء الاختبارات، يمكنني أخيراً أن أستريح من ملاحقة أمّي لي بموضوع الرياضة ذاك .

عندما وصلتُ إلى صالة الألعاب الرياضية للمشاركة في تجارب أداء كرة السلّة الليلة، أحصيتُ ثمانية وعشرين فتىً. هذا يعني أنّ عشرين منهم سيتوزعون على فريقين، وسيتمّ استبعاد البقيّة. فأعجبني هذا الوضع تماماً.

بالإضافة إلى ذلك، بدا معظم الأولاد أكثر مهارة منّي بكثير. فمعظمهم بدأوا بممارسة هذه الرياضة منذ روضة الأطفال، ويجيدون تنطيط الكرة بين سيقانهم واستخدامها بحركات جنونيّة أخرى.

كانت تجربتي الحقيقية الوحيدة مع كرة السلّة عندما أنشأنا فريقاً لكرة السلّة في حصّة التربية البدنية في العام الماضي. غير أنّه لم يستمرّ سوى ليومين.

علاوة على ذلك، كانت الكرة الوحيدة في المدرسة فارغة من الهواء، ولم يتمكّن مدرّس التربية البدنية من العثور على الإبرة التي تناسب المنفخ. فاضطررنا للّعب بالبالونات بدلاً منها.

بدا لي أنّ عدداً من الفتيان المشاركين في الاختبارات الليلة ليسوا بتلك المهارة، الأمر الذي سبّب لي بعض التوتّر.

خشيتُ حقّاً أن ينتهي بي الأمر عضواً في أحد الفريقين عن طريق الصدفة، وأن أضطرّ بالنتيجة للمشاركة في المباريات لموسم كامل. لذلك فكّرت في تقديم أداء سيّئ عمداً، من باب الحيطة.

لكن خطّتي ذهبت أدراج الرياح عندما جاءت أمّي لمشاهدة اختبارات الاداء. إذ علمتُ حينئذٍ أنّه سيتعيّن عليّ أن أبذل قصارى جهدي.

بدأت الاختبارات عند الساعة 7:00 مساءً، وناولوا كلّ مشاركٍ قميصاً للتدريب طُبِع عليه رقم كبير من الجهتين الأمامية والخلفية. ومن رائحة تلك القمصان، عرفتُ أنّها لم تُغسل قَطّ.

قسّمونا إلى أربع مجموعات لأداء التجارب في أجزاء مختلفة من الصالة الرياضية، وبدأت مجموعتي بتنطيط الكرة. كنتُ أعاني من بعض الصعوبة في التنسيق بين العين واليد، لذلك غالبًا ما كانت الكرة ترتطم بحذائي.

لاحظتُ أنّني كلّما اخطأت في اللعب، يقوم شخص ما يحمل حافظة أوراق بكتابة رقمي.

فحاولت أن أبقى خلف الرجال الذين يحملون حافظة ورق، وبدأ الأولاد الآخرون الذين لا يجيدون اللعب بتقليدي.

بين الحين والآخر، كنت أنجح بتنطيط الكرة خمس أو ست مرّات متتالية، وبالطبع لم يكن أحد يشاهدني وأنا أفعل ذلك. بيد أنّ أمّي حرصت على إخبار حاملي حافظات الورق كلّما أحسنتُ اللعب.

بعد أن نطّطنا الكرة بأيدينا اليمنى لبضع دقائق، قال الرجل المسؤول عن مجموعتنا إنّ الوقت قد حان للتبديل إلى أيدينا اليسرى. فظننته يمزح، لا بل في الواقع ضحكت.

لكن ربّما ما كان يجدر بي أن أفعل، لأنّ ذلك جعله يدوّن رقمي.

أعتقد أنّ بإمكان بعض الأشخاص فعل الأشياء بكلتا يدَيهم، أمّا أنا فلا. في الواقع، يدي اليسرى غير مجدية عمليًا.

ذات مرّة، لويت معصمي الأيمن، واضطررت لإجراء اختبار في المدرسة بواسطة يدي اليسرى. وأعتقد أنّني كنت سأحصل على نتيجة أفضل لو أنّني حملت قلم الرصاص في فمي.

7. من وضع نظريّة الجاذبيّة؟

اسحاق نيوتن،

بمجرّد انتهائنا من تمارين تنطيط الكرة، انتقلنا إلى الرميات الحرّة. وحينئذٍ، تمنّيت حقّاً لو أنّني لم أتعلّم تسديد كرة السلّة بواسطة البالون، لأنّني أخطأت تماماً في تقدير الجهد الذي أحتاج إلى بذله في تسديدتي.

أعتقد أن أمّي لاحظت أنّني لا أجيد اللعب. لذا، كلّما اقترب منها أحد المقيّمين، كانت تشي بالأولاد الآخرين الذين يرتكبون الأخطاء.

لكن يبدو أنّ أمّي لم تكن الوحيدة التي تساعد ابنها. فقد كان لبعض المقيّمين أولاد مشاركين في تجارب هذه الليلة. الأمر الذي دفعني إلى التشكيك بمدى نزاهة التقييم حقّاً.

بحلول نهاية الأمسية، كان من الواضح تماماً من الذي سيشارك في أحد الفريقين ومن لن يفعل. لكن أعتقد أنّهم لم يتمكّنوا من اتّخاذ قرار بشأن الفتى الذي سيتحلّ المركز الأخير، لأنّهم جعلوا الأولاد التسعة الباقين يحلّون المسألة بالشجار. وكلّ ما يمكنني قوله إنّ المشهد لم يكن جميلاً.

بمجرد انتهاء العراك، جمعوا قمصاننا. قال الرجل الذي يُجري الاختبارات إنّهم سيرسلون بريداً إلكترونياً إلى آباء الأولاد ليعلنوا عن الفائزين بحلول ليلة الغد. لكن بعد تلك التجربة، لم أعد أحبس أنفاسي حقّاً.

عندما عدت إلى المنزل من المدرسة أمس، كنت أنوي الاسترخاء وربّما أخذ قيلولة. إلّا أنّني فوجئت تماماً عندما دخلت المطبخ.

وقعتُ في حيرة من أمري، لأنّني كنت متأكّداً من أنّهم لن يختاروني عضواً في أيّ من فريقَي كرة السلّة. لكنّ أمّي أكّدت أنّها تلقّت خبراً من أحد المدرّبين، يعلن لها فيه أنّني فزت. ثم أطلعتني على البريد الإلكتروني لإثبات ذلك.

كانت الرسالة من الأستاذ باتيل، والد بريت باتيل. يعتبر بريت أحد أفضل الرياضيّين في صفّنا، وخلال مباراة كرة السلّة للطلاب والأساتذة العام الماضي، تفوّق بريت بشكل ساحق.

لم أستطع أن أفهم كيف أصبحتُ عضواً في فريق واحد مع فتى كهذا. لكن بحسب أمّي، لا شكّ أنّ المقيّمين رأوا شيئاً مميزاً لديّ، ولهذا السبب، فزتُ في اختبارات الأداء.

لكن عندما راجعتُ في رأسي الليلةَ الفائتة، لم أستطع أن أتذكّر أنّني رأيت بريت يشارك في الاختبارات. وهذا ما سبّب لي مزيداً من الحيرة.

حين وصلتُ إلى المدرسة اليوم، أخبرني جاباري بروس بما حدث. قال إنّ بريت تغيّب عن اختبارات الأداء لاضطراره لحضور جنازة عمّه. وبحسب القواعد، من يتغيّب عن الاختبارات لا يمكنه الانضمام إلى أيّ فريق.

لذلك ألّف الأستاذ باتيل فريقاً جديداً يضمّ بريت وكلّ الأولاد الذين تمّ استبعادهم، لمجرّد أن يتمكّن ابنه من اللعب في هذا الموسم.

حسناً، لم يسرّني سماع ذلك طبعاً. فقد ظننتُ أنّني نجوتُ من مأزق كرة السلّة، لكن ها أنا ذا أصبحتُ فجأة عضواً في فريق حقيقيّ. وأدركتُ أنّه من المستحيل أن تسمح لي أمّي بالإفلات منه.

حُدّدَ أوّل تمرين لنا هذه الليلة، في المدرسة الابتدائية. وعندما رأى الأستاذ باتيل فريقنا مجتمعاً للمرّة الأولى، شعرتُ أنّه بدأ يعيد التفكير في قراره.

كان زملائي في الفريق هم الأولادُ الذين خاضوا ذاك الشجار الأخير في اختبارات الأداء، وكنت أعرف أساساً عدداً منهم في المدرسة. فقد كان جاباري بروس وتومي تشو زميلَيّ في صفقة التبادل التي جرت في المهرجان الرياضي.

وثمّة دارِن وماركوس وودلي، اللذين يمكنهما أن يكونا رياضيَّين محترمَين في الواقع، لولا أنّهما يمضيان الوقت في العراك الدائم.

كان معنا أيضاً إدوارد ميلي، الذي لم ينطق بكلمة واحدة منذ الصف الثاني، وكيفن بومودورو، الذي لا يمكن لأحد أن يفهم ما يقول عندما يضع مقوّم الأسنان.

أعتقد أنّه من المفيد دائماً أن يضمّ فريق كرة السلّة بعض اللاعبين طويلي القامة، لذلك نحن محظوظون بوجود يوسف ميسكِن بيننا. لكنّ يوسف يعشق حمل الأولاد الذين هم بحجمي ووضعهم في «الكهف».

من المفيد أيضاً أن يتمتّع الفريق بشيء، من الخشونة، وهنا بالضبط يأتي دور روبي بيرد. وسبب وجودها في فريق الفتيان أنّها هاجمت إحدى المشرفات في اختبارات أداء الفتيات لأنّ هذه الأخيرة دوّنت رقمها.

على أيّ حال، ما كنتُ لألوم بريت أو والده لو غادرا القاعة بمجرّد إلقاء نظرة فاحصة علينا. غير أنّ الأستاذ باتيل جمع الفريق حوله حتّى يتمكّن من إلقاء خطاب.

قال الأستاذ باتيل إنّنا قد لا نكون الفريق الأكثر براعة، لكنّنا سنتفوّق مع ذلك على جميع المشاركين في هذه البطولة. وقال إنّنا سنتعلم اللعب بالطريقة الصحيحة بدءاً من هذه الليلة.

خطر ببالي أنّه إذا كان هذا هو الرجل الذي علّم بريت كيفيّة اللعب، فربّما يمكنه تعليمنا نحن أيضاً.

رفع تومي تشو يده، وسأل عن سبب اجتماعنا في قاعة كافتيريا المدرسة الابتدائية بدلاً من الصالة الرياضية.

فأوضح لنا الأستاذ باتيل أنّ الفريقَين الآخرَين حجزا كلّ دوام الصالة الرياضية لهذا الموسم، لذلك علينا أن نكتفي بالفضلات.

لم أفهم كيف يُفترض بنا أن نلعب كرة السلّة من دون سلّة. إلّا أنّ الأستاذ باتيل قال إنّنا سنبدأ الآن بالأساسيّات، وسنتدرّب على تسديد الكرة في وقت لاحق.

تدرّبنا قليلاً على تنطيط الكرة، ثم انتقلنا إلى التمرير. ولكن مع كلّ الطاولات المنتشرة في الكافتيريا، لم يكن ثمّة متّسع كبير للحركة. لذلك اضطرّ نصفنا إلى الصعود على المسرح الذي تمّ إعداده لمسرحيّة لطلّاب روضة الأطفال.

على الرغم من أنّنا كنّا نبذل قصارى جهدنا، إلّا أنّ الأستاذ باتيل شعر بالإحباط لأنّنا لا نتعلّم قواعد اللعبة بسرعة أكبر. وكلّما ارتكب أحدنا خطأ، كان يجبرنا على الجري السريع إلى الجانب الآخر من الكافتيريا.

لكنّ هذا الأمر سبّب لنا التعب، ممّا جعلنا نرتكب مزيداً من الأخطاء. وبعد فترة، كان الجميع، باستثناء بريت، يركضون من جانب إلى آخر.

شخصياً، أنا لا أعتقد أنّه يجب على المدرّبين استخدام الجري كعقوبة، لأنّ ذلك لا يفيد سوى في جعل الأولاد يكرهون الجري.

كما أشكّ في أنّ مدرّب الجري يجبر فريقه على لعب كرة السلّة إذا وجده متراخياً.

أكثر ما أكرهه في الجري أنّه يسبّب التعرّق. فبحسب نظريّتي، العرق هو الطريقة التي تخبرنا بها أجسامنا أنّنا نبذل مجهوداً زائداً، وعلينا بالتالي أن نأخذ الأمور برويّة. لكن عندما شاركت أفكاري مع الأستاذ باتيل، أجبرني على القيام بمزيد من الجري السريع.

عندما ركبت السيارة بعد انتهاء التدريب، أرادت أمّي أن تعرف كلّ ما جرى خلاله. فأخبرتها كيف أنّ فريقنا هو في الأساس عبارة عن بريت ومجموعة من الفاشلين، لذلك فإنّنا لن نحقّق شيئاً هامّاً في هذا الموسم.

لكنّ أمّي قالت إنّني سأحظى على الأرجح بكثير من الوقت للّعب في هذا الفريق، الأمر الذي ولّد لديّ شيئاً من القلق. فكلّ فتى يحلم بتسجيل الهدف الحاسم الذي يحقّق فوز الفريق في المباراة. ولكن ثمّة جانب آخر سلبيّ، ألا وهو أن يكون الشخص الذي يتسبّب بالخسارة.

في بلدتي رجل يُدعى أنطوني غرو. قبل عشرين عاماً، أضاع أنطوني ركلة حاسمة لتحطّ الكرة خارج المرمى، وخسر بذلك مباراة أمام فريق سلاكسفيل، أكبر منافس لبلدتنا.

وحتّى هذا اليوم، لا يمكنه الذهاب إلى أيّ مكان من دون أن يذكّره الناس بذلك.

لو كنتَ مكان أنطوني، لانتقلت بكلّ بساطة إلى سلاكسفيل، لأنّهم يعاملونه هناك معاملة الأبطال.

أخطأتُ وأخبرتُ أمّي أنّني أخشى أن أفسد الأمور على فريقي، مثلما فعل أنطوني غرو، فما كان منها إلّا أن أخبرتني قصّة جعلتني أكثر توتّراً بشأن اللعبة.

كانت أمّي تـؤدّي دور لاعبة هجوم احتياطيّة في فريق كرة السلّة في مدرستها الإعدادية. وفي مباراة البطولة، تعرّضت لاعبة الهجوم الأساسيّة لإصابة. كانت النتيجة متقاربة في الرّبع الرابع، وكان على أمّي أن تدخل وتحلّ محلّها.

قالت أمّي إنّها كانت تبلي حسناً، لكن عندما أوشك الوقت على الانتهاء، حاصرتها فتاتان من الفريق المنافس. هكذا اضطرّت لرفع الكرة إلى الأعلى في اللحظة التي انطلق فيها الجرس معلناً انتهاء المباراة، وأتت تسديدتها خارج السلّة.

تقول أمّي إنّها في الواقع سعيدة بتلك الحادثة لأنّها علّمتها التعامل مع الفشل، وجعلت منها شخصاً أفضل. لكنّني واثق تماماً من أنّ زميلات أمّي في الفريق تمنّين لو أنّها لم ترتبك.

كان عليّ إجراء مزيد من البحث قبل أن أقرّر اختيار كرة السلّة كرياضة لي ، ذلك أنّ برنامج التدريب لا يرحم .

فنحن نتدرّب ثلاثة أيّام في الأسبوع، بالإضافة إلى مباراة يوم السبت وأخرى يوم الأحد . وفوق كلّ ذلك، يفترض بي أن أتمّم واجباتي المدرسيّة، وأن أحصل على قسط وافٍ من النوم لأتمكّن من الذهاب إلى المدرسة في اليوم التالي .

ومن الصعب أساساً أن يغمض لي جفن مع كلّ الضجيج الآتي من خارج نافذتي كلّ ليلة، ذلك لأنّنا قمنا بتثبيت سلّة في فناء منزلنا.

عندما أصبحتُ عضواً في فريق كرة السلّة،
ذهبت أمّي على الفور وابتاعت لوحة خلفية وسلّة
لتثبيتها فوق المرآب. أعتقد أنّها كانت تأمل أن
أتمكّن من التدرّب لفترات إضافيّة في الليالي التي
لا أذهب فيها إلى التمارين.

لكنّني لم أسدّد هدفاً واحداً في ذاك الشيء،، لأنّه
حالما ثُبّتَ هناك، توافد إليه المراهقون القاطنون
في حيّنا.

منذ أن أزيلت السلّة المثبّتة خارج مدرستنا، لم يعد لدى الأولاد كثير من الأماكن ليلعبوا فيها. لذا، أصبحوا يأتون الآن إلى منزلنا، وبات على أبي أن يركن سيارته في أسفل الشارع عندما يعود من العمل.

أعلن أبي أنّه ينوي نزع السلّة عن حائط منزلنا، لكنّ أمّي اعترضت قائلة إنّها سعيدة لأنّ الأولاد يستمتعون بوقتهم في الهواء الطلق.

أعتقد أنّني ما كنتُ لأمانع حقاً أنا أيضاً، غير أنّ أولئك المراهقين لا يعرفون متى يتوقّفون. فهم يواصلون لعبهم الحماسيّ في فنائنا، حتّى بعد حلول الليل وخلودنا إلى النوم.

في الآونة الأخيرة، حاولت أمّي إعطاءهم تلميحاً إلى أنّ الوقت قد حان للعودة إلى المنزل عن طريق تشغيل وإطفاء المصابيح فوق المرآب. لكن لا أعتقد أنّ المراهقين سريعو البديهة فعلاً في فهم التلميحات، لأنّهم واصلوا اللعب بلا أيّ اكتراث.

لذا منذ بضع ليالٍ، أطفأت أمّي المصابيح عندما حلّ الظلام في الخارج. لكنّ هؤلاء الشباب كانوا على أتمّ الجهوزيّة، وسرعان ما أحضروا مولّداً كهربائياً ومصابيح في لمح البصر.

في الليلة الماضية، فاض الكيل بأبي واتّصل بالشرطة .
فحضر العناصر إلى منزلنا بعد عشر دقائق .

اعتقدتُ أنّ المسألة حُلّت أخيراً، لكن اتّضح أنّ رجال الشرطة يحبّون كرة السلّة هم أيضاً.

هكذا استسلمنا نوعاً ما، وكففنا عن محاولة منع الناس من استخدام السلّة. لكنّني أوكّد لكم أنّنا حالما نجد الساحة خالية، سنقوم بإزالة ذاك الشيء نهائياً.

117

السبب الآخر الذي سبّب لي التعب في الآونة الأخيرة أنّ تدريبنا لا يبدأ إلّا عند الساعة 9:30 مساءً. فنحن نستخدم صالة الألعاب الرياضية المخصّصة لطلّاب المرحلة الابتدائية، ولكن علينا الانتظار حتّى ينهي الفريقان الآخران تدريبهم قبل أن نبدأ نحن.

في أوّل ليلة لنا في الصالة الرياضية، نسي الأستاذ باتيل إحضار حقيبة كرات السلّة، فاضطرّ للعودة إلى المنزل لجلبها. وفي أثناء غيابه، لاحظ دارِن وُودلي أنّ غرفة المعدّات الرياضيّة مفتوحة، فما كان منّا إلّا أن دخلنا. وجدنا هناك جميع أنواع المعدّات الترفيهية، مثل عصيّ البوجو، وأطواق الهولا هوب، وحتّى مظلّة عملاقة.

كان قد مرّ زمن طويل منذ أن لعب أيّ منّا بهذه الأشياء، وفجأة، عدنا أطفالاً صغاراً من جديد.

حتّى إنّنا ابتكرنا لعبة جديدة بالكامل استخدمنا فيها تلك الزلاّجات المربّعة ذات الأربع عجلات وبعض دبابيس البولينغ البلاستيكية العملاقة. وكانت في الواقع أكثر متعة بكثير من كرة السلّة.

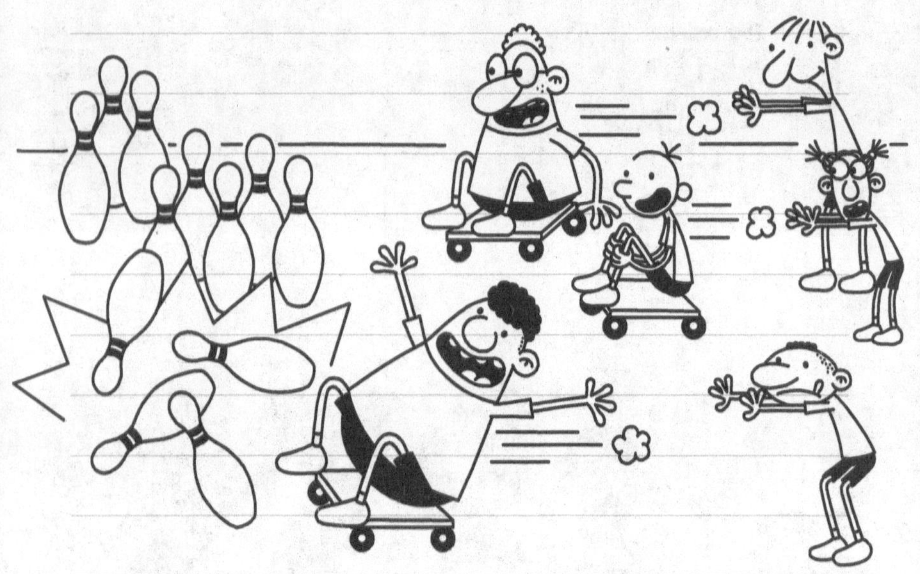

ولكن عندما عاد الأستاذ باتيل بحقيبة الكرات، وضع حدًّا للمرح.

قال لنا الأستاذ باتيل إنّنا موجودن هنا للعب كرّة السلّة، وليس للتهريج. ثمّ أمرنا بإعادة كلّ شيءٍ إلى مكانه كما وجدناه.

قرأتُ مرّة أنّ كرّة السلّة بدأت تاريخياً بمجموعة من الشباب الذين كانوا يتسكّعون في بلدتهم ويلعبون بكرة قدم جلدية وسلّة خوخ، والآن أصبحت اللعبة مشهورة في جميع أنحاء العالم. لكن لو كان مدرّبهم يشبه بشيءٍ الأستاذ باتيل، فما كان لذلك أن يحدث على الأرجح.

أنا واثق من أنّ الأستاذ باتيل سيشعر أنّه مغفّل تماماً عندما تصبح الرياضة التي اخترعناها احترافيّة.

عندما انتهينا من إعادة جميع المعدّات إلى الخزانة، طلب منّا الأستاذ باتيل أن نصطفّ عند خطّ الجزاء للتمرّن على الرميات الحرّة. وحتّى بعد أن أوضح لنا الطريقة الصحيحة لرمي الكرة، لم يتمكّن معظمنا من إتقانها.

بعد أن أخطأتُ الهدف عدّة مرّات على التوالي، شعرت بالإحباط الشديد. لذلك رميت الكرة إلى الخلف، تعبيراً عن انزعاجي. وصدّقوا أو لا تصدّقوا، سقطت داخل السلّة مباشرة.

انبهر زملائي في الفريق جدّاً بحركتي تلك، وما لبث أن بدأ الجميع يجرّبون التسديدات الخلفيّة.

غير أنّ الأستاذ باتيل اعترض على ذلك أيضاً.

قال إنّنا لن نتحسّن أبداً ما لم نبدأ بأخذ الأمور بجدّية أكبر. فحاولتُ أن أوضح له أنّني أجيد تسديد الكرة إلى الخلف أكثر منه إلى الأمام، وربّما كانت الطريقة التي يعلّمنا بها خاطئة تماماً.

لا يبدو أنّ كلامي أعجب الأستاذ باتيل، الذي ظنّ على الأرجح أنّني أتحذلق، لذلك أجبرني على مسابقة الرياح حتّى نهاية التدريب.

في الليالي القليلة الأولى، اكتفينا بالتدرّب على أمور مثل تنطيط الكرة، والتمرير، والتسديد. ولكن في بداية التدريب في الليلة الماضية، أعلن الأستاذ باتيل أنّنا سنتعلّم المناورة.

كان الجميع متحمّسين للغاية لأنّنا سنبدأ أخيراً باللعب الفعلي. ولكن عندما أوشكنا على البدء، دخلت مجموعة من الرجال الذين كانوا في سنّ والدي الصالة الرياضية.

ذهب أحدهم إلى الأستاذ باتيل وقال له إنّ علينا الخروج من الملعب لأنّ الصالة الرياضية محجوزة لدوري الرجال في الساعة 9:30 من كلّ ليلة أربعاء.

غير أنّ الأستاذ باتيل أكّد لهم أنّ الصالة الرياضية
محجوزة لنا حتّى الساعة 10:30، وأنّه تحقّق من ذلك
لدى قسم التسجيل مرّتين بعد ظهر ذلك اليوم.

بدأ الجدل يحتدم قليلاً، لكنّ الأستاذ باتيل توصّل
إلى حلٍّ. إذ اقترح أن نقوم بمناورة أولئك الرجال،
والفريق الذي يفوز بالمناورة هو الذي يحصل على
الملعب.

شعرت بشيءٍ من التوتّر إزاء فكرة اللعب ضدّ مجموعة
من الرجال. لكن لم يبد على أولئك اللاعبين أنّهم
يتمتّعون حقّاً باللياقة البدنية الكافية، لذلك
فكّرت أنّنا قد نتمكّن من الفوز عليهم.

استغرق فريق دوري الرجال وقتاً طويلاً في التحمية.
فظننت أنّهم يعانون من البرد في أقدامهم
ويحاولون كسب الوقت وحسب.

بعد أن انتهى أولئك الرجال من تحمية عضلاتهم، بدأنا اللعب. تفوّقنا في بداية المباراة، وتصوّرتُ أنّنا في طريقنا إلى تحقيق فوز سهل. ولكن سرعان ما أخذت حظوظنا تتدهور على نحو متسارع بعد ذلك.

رُبّما لم يكن لاعبو دوري الرجال رياضيّين خارقين، لكنّهم كانوا يجيدون اللعب. وبمهارتهم، جعلونا نبدو كالحمقى.

لم يكفّوا عن الكلام طوال الوقت. ومع أنّني أكره الاعتراف بذلك، إلّا أنّهم كانوا يثيرون جنوننا حقّاً.

كانت ألفاظهم مبتذلة عموماً، لا يتحدّث بها سوى الكبار، لكنّهم نجحوا حقّاً. وكلّما تحدّثوا أكثر، واجهنا صعوبة أكبر في التركيز على اللعب.

إيّاك، الكُرة معي!
استعدّوا لهزيمة نكراء!
ترنّح
طب
تعثُّر
وهذه واحدة منّي!

129

كان بريت الشخص الأكثر إحباطاً بيننا. ويمكنني القول إنّه أراد حقّاً أن يلقّن أولئك الرجال درساً.

إلّا أنّهم اكتشفوا أنّ بريت كان اللاعب الجيّد الوحيد بيننا. ولذلك، كلّما وضع يديه على الكرة، كانوا يتجمهرون حوله ويعيقون طريقه.

في مرحلة ما، استولى بريت على الكرة، واندفع مسرعاً إلى الطرف الآخر من الملعب لتنفيذ ما كان ينبغي أن يكون رمية سهلة. أعتقد أنّ بريت أراد أن يُثبت نفسه، لأنّه قرّر أن يسدّد من مسافة بعيدة.

تحمّسنا جميعاً لدى رؤية بريت وهو يرمي الكرة. لكن أعتقد أنّه يحتاج إلى بضعة سنتيمترات من الطول بعد قبل أن يصبح قادراً على ذلك.

سقط بريت مع الأسف على كاحله . وعلى الرغم من أنّ المباراة لم تكن قد انتهت رسميّاً، إلّا أنّ فريق دوري الرجال اعتبر ذلك فوزاً على ما يبدو .

ظننت أنّ بريت لوى كاحله وحسب، وأنّه سيستأنف اللعب بشكل طبيعيّ في التمرين القادم. ولكن عندما وصل إلى الصالة الرياضية هذه الليلة، كان يمشي على عكازين.

تبيّن أنّ بريت كسر كاحله، وأنّه لن يتمكّن من اللعب طوال هذا الموسم. كان هذا الخبر سيئاً بالنسبة إلينا نحن البقيّة، لأنّنا من دونه لا نساوي شيئاً.

وكان وقع الخبر أسوأ على الأستاذ باتيل، لأنّه مضطرّ الآن لتدريب هذا الفريق لبقيّة الموسم. وأنا متأكّد من أنّه كان يفضّل قضاء وقت فراغه في مشاهدة التلفاز أو تعلّم رمي الكرات في الهواء.

لكن في بداية التمرين، ألقى الأستاذ باتيل خطاباً. قال لنا إنّ الإصابات جزء من اللعبة، وإنّ علينا نحن البقيّة أن نتجاوز الحادثة ونتابع تدريبنا.

أطلعَنا بعد ذلك على بعض المناورات التي يفترض أن تسهّل علينا تسجيل الأهداف . فبدأنا بخمسة على ثلاثة، لكن لم يستطع أحد منّا تسجيل هدف . فانتقلنا إلى خمسة على اثنين، ومن ثمّ خمسة على واحد، ومع ذلك عجزنا عن تسجيل أهداف .

تمكّنا أخيرًا من إحراز هدف عندما جرّبنا خمسة على صفر، لكنّ الخطّة لم تَسِر كما رسمها الأستاذ باتيل . لذلك، إذا ما أحرزنا أيّ هدف في مباراتنا الأولى في نهاية هذا الأسبوع، فسيكون ذلك بمحض الصدفة .

في نهاية التدريب، أعلن الأستاذ باتيل أنّ لديه مفاجأة لنا، ثمّ فتح صندوقاً كبيراً من الورق المقوّى، وما لبث أن بدأ يوزّع علينا زيّاً رياضياً.

بدت لي القمصان مألوفة، وسرعان ما تعرّفت على الرائحة. فأوضح لنا الأستاذ باتيل أنّ الوقت لم يسمح بشراء قمصان جديدة للفريق، ولذلك اضطرّوا إلى إعادة تدوير قمصان اختبارات الأداء.

لكن كان ثمّة شيءٌ مختلف في تلك القمصان، لأنّها أصبحت تحمل شعاراً مطبوعاً على الظهر.

فأخبرنا الأستاذ باتيل أنّ لكلّ فريق راعٍ يساعد في تغطية تكاليف أشياء معيّنة، مثل إيجار صالة الألعاب الرياضية، وكان راعينا لهذا الموسم شطائر ماركوني. أعتقد أنّه كان من الصعب العثور على راعٍ جيّد، لأنّني متأكّد من أنّ ماركوني لا يزال مغلقاً بسبب انتهاكه الشروط الصحّية.

كان اليوم موعد أوّل مباراة لنا في هذا الموسم، وكانت ستقام في صالة الألعاب الرياضية في المدرسة الابتدائية. طلب المدرّب باتيل من الجميع الوصول إلى هناك قبل الموعد بنصف ساعة حتّى نتمكّن من مراجعة الخطّة والتحمية.

عندما وصلنا، عرض علينا بعض المناورات الجديدة التي صمّمها، وبدا لي أنّه استغرق بلا شكّ الليل بطوله لرسمها. تمنّيت فقط أن يفهم بقيّة الفتيات في الفريق ما يفترض أن تعنيه كلّ تلك الرموز الصغيرة، لأنّها كانت مجرّد خربشات غامضة بالنسبة إليّ.

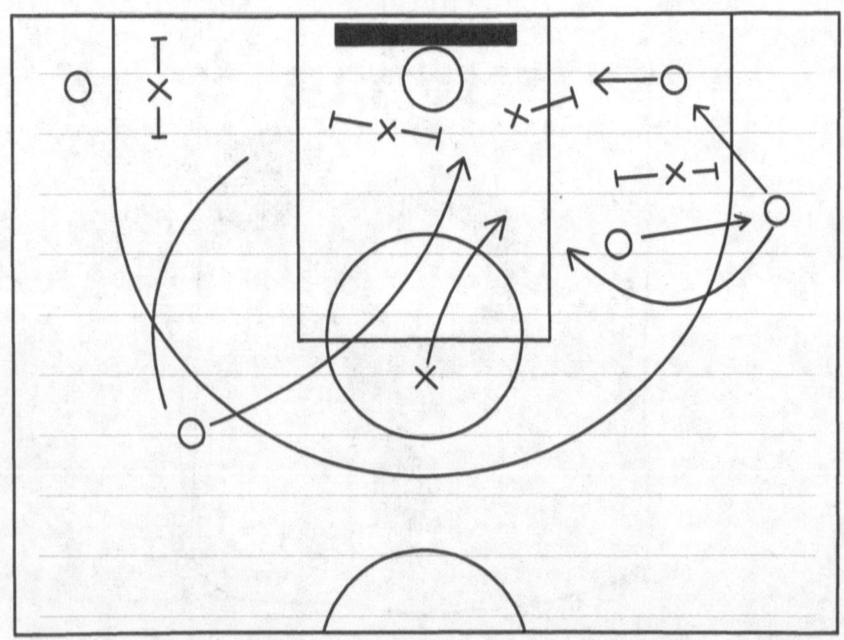

بينما كنّا نراجع المناورات معاً، بدأت المدرّجات تمتلئ بالمتفرّجين. فشعرت بالتوتّر من فكرة اللعب أمام جمهور كبير، لكن سرعان ما اتّضح لي أنّه لا داعي للقلق بشأن ذلك. فعندما اختار المدرّب باتيل تشكيلته الأساسيّة، لم أكن من ضمنها.

كنّا نلعب ضدّ فريق فرانكلين، وهي بلدة تبعد عشرين دقيقة عن بلدتنا. انطلقت المباراة بطريقة غير مُرضية عندما فاز فريق فرانكلين في افتتاحية اللعب، وسيطر على الكرة، ليتّجه إلى الطرف الآخر من الملعب ويسدّد الهدف الأوّل. وهذا ما حدّد إيقاع اللعب لبقيّة المباراة.

كان كيفن بومودورو لاعب الهجوم الخلفي في فريقنا، لأنّه الولد الوحيد في الفريق الذي يمكنه تنطيط الكرة وهو ينظر إلى الأعلى. لكنّ كيفن كان يلعب بيد واحدة أساساً، لأنّه كلّما احتاج إلى إعلان إحدى مناورات المدرّب باتيل، كان عليه أن ينزع مقوّم أسنانه حتّى يتمكّن الآخرون من فهم ما يقول.

في نهاية المطاف، فهم لاعبو فرانكلين ما يجري، وكلّما صاح كيفن باسم مناورة من المناورات، كانوا يستولون على الكرة.

كان فريقنا يبذل قصارى جهده لتطبيق مناورات المدرّب باتيل الجديدة، لكن لا أعتقد أنّ أيّاً منّا كانوا يعرفون مَن هو X ومَن هو O، لذلك عمّت الفوضى التامّة هناك.

بدأ المدرّب باتيل يصيح على الأولاد الجالسين على مقاعد الاحتياط، كما لو أنّ ما يجري كان ذنبُنا نحن. فما كان منّي إلّا أن تظاهرتُ بالخجل لأنّني شعرت أنّ هذا ما كان يسعى إليه.

بدأ المدرّب باتيل بإخراج فتيات من الملعب، وأخذ القلق ينتابني من أن يعمد إلى إدخالي مكان أحدهم. لذلك ابتعدت إلى آخر المقعد، ورُحت أصلّي لكي ينسى وجودي.

لكن أمّي كانت بين الحضور، ولم تكن تساعد تماماً.

على الرغم من أنّ صالة الألعاب الرياضية في المدرسة الابتدائية كانت ملعبنا، إلّا أنّ هذه الناحية لم تعطنا أيّ أفضلية. أوّلاً، يبلغ عمر الصالة نحو سبعين عاماً، وتحتوي أرضها على كلّ البقع الميتة. لذا، حتّى لو حاول أحد أعضاء فريقنا تنفيذ حركة معيّنة، فإنّ هذه العيوب تعيق قفز الكرة بسلاسة.

بالإضافة إلى ذلك، كان ثمّة قمع من العلكة وأشياء أخرى ملتصقة بالأرض. هكذا، بينما كان جاباري بروس يجري مسرعاً في الملعب، فَقدَ حذاءه.

أيّاً يكن مَن من صمّم الصالة الرياضية، فقد قام بعمل رديء فعلاً لأنّه لم يترك مساحة كافية بين الخطوط الجانبية والجدران. لذا، فإنّ كلّ مَن يحاول مَنع الكرة من الخروج من الملعب يخاطر بحياته.

علاوة على ذلك، كانت أبواب الحمّامات قريبة من خطّ الأساس. وخلال الربع الأوّل من المباراة، امتدّ طابور طويل أمام حمّام السيّدات.

وما زاد الطين بلّة، أنّ الشبّان الذين استخدموا حمّام الرجال كانوا ينسَون إقفال الباب وراءهم. وفي إحدى المرّات، قام أحد اللاعبين بتمريرة خاطئة، وسقطت الكرة في المرحاض.

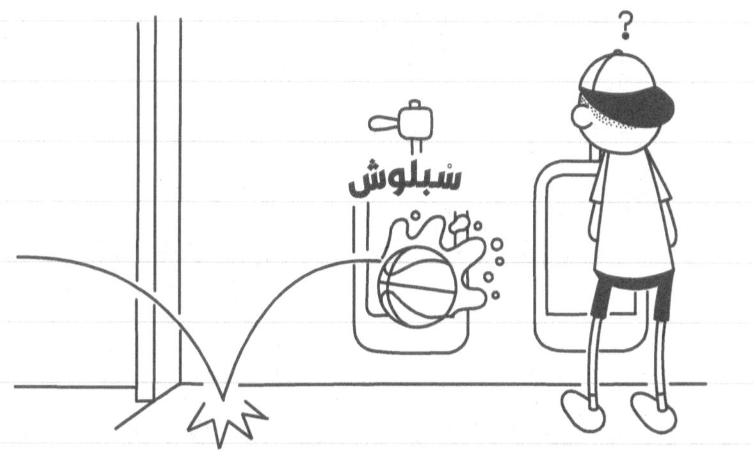

تولّى أحد الحكّام غسل الكرة في المغسلة، ثمّ جفّفها ببعض المناديل الورقيّة. أنا لا أدري كم يدفعون لأولئك الرجال، ولكن مهما كان المبلغ، فهو ليس كافياً.

صدّقوا أو لا تصدّقوا، فقد تمكّن فريقي من تسجيل عدد من الكرات على الرغم من كلّ ذلك. ولكن عندما انطلق الجرس، كانت النتيجة 38-6. أمّا أنا فكنت ممتنّاً وحسب لأنّ المدرّب باتيل لم يجعلني أشارك في المباراة. فلو فعل، لكنّا خسرنا بفارق أكبر.

لقد مارستُ الرياضة بما فيه الكفاية لأعرف أنّه عند انتهاء المباراة، من المفترض أن نصافح الفريق الآخر ونُثني على اللعب. وهذا ما فعلتُه بالضبط.

لكنّني تمنّيت لو أنّ أحدهم أخبرني أنّها كانت نهاية الشوط الأوّل وحسب، فربّما ما كنت لأجعل من نفسي أحمق بهذا الشكل.

طلب منّا المدرّب باتيل أن نلتقي في غرفة تبديل الملابس حتّى نتمكّن من الاستعداد للشوط الثاني. لكنّ المدرسة الابتدائية لم تكن تحتوي على غرفة لتبديل الملابس، لذلك اضطررنا للاجتماع في حمّام الرجال. ومع الأسف، لم يكن الحمّام خالياً، بل كان علينا مشاركته مع غرباء.

إلّا أنّ ذلك لم يمنع المدرّب باتيل من الشروع في خطابه فورَ دخوله الغرفة. فاستغربتُ قليلاً لأنّ المدرّب يجبرنا على الاستماع إلى خطاب بين الشوطَين. فلو سألتموني عن رأيي، أعتقد أنّ استراحة ما بين الشوطين يجب أن تكون استراحة من المباراة.

145

لكنّ المدرّب باتيل بدأ بمراجعة جميع الأخطاء التي ارتكبناها أثناء اللعب، وجميع التعديلات التي نحتاج إلى إجرائها في الشوط الثاني إذا ما أردنا الفوز.

بعد ذلك، راح يخبرنا قصّة عن مجموعة من المحاربين الاسكتلنديين الشجعان الذين عاشوا منذ زمن بعيد. قال إنّهم كانوا محاطين بأعدائهم، وكانوا أقلّ منهم عدداً بكثير، لكنّهم ربحوا المعركة من خلال التحامهم ببعضهم البعض والقتال بكلّ ما لديهم.

قال إنّنا إذا اتّبعنا خطة المباراة، فربّما نحقّق النصر نحن أيضاً. ولا بدّ لي من الاعتراف أنّ الخطاب كان جيّداً بالفعل، لأنّنا عندما غادرنا ذلك الحمّام، كنّا على أتمّ الاستعداد للذهاب إلى الحرب.

كان لا يزال ثمّة بضع دقائق قبل بدء الشوط الثاني، لذلك استغلّ الجميع الفرصة لشرب السوائل.

كان آل وودلي هم المسؤولون عن توفير المشروبات خلال المباراة الأولى، لذلك ذهبنا جميعاً لأخذ زجاجات مياه من البرّاد.

لكن أعتقد أنّ آل وودلي لم ينظّفوا برّادهم منذ العطلة الصيفيّة، لأنّنا وجدنا فيه بعض فضلات الطعام أيضاً.

حتّى إنّه كان يحتوي على نصف زجاجة كاتشب وزجاجة كاملة من الخردل، غير أنّ يوسف وروبي لم يكونا انتقائيّين حقّاً بشأن المرطّبات.

أعتقد أنّهما قرّرا الحصول على كلّ ذرّة متاحة من الوقود.

أبقى المــدرّب يوسف في الشوط الأوّل بأكمله، فتصبّب عرقاً لدرجة أنه اضطرّ لانتزاع قميصه وعصرها. لكنّني تمنّيت لو لم يعصرها في البرّاد، لأنّه كان لا يزال يحتوي على بعض زجاجات المياه.

كما سبق وقلت، كان جميع أعضاء الفريق في غاية الحماسة بعد خطاب المدرّب باتيل. لكن أعتقد أنّ هؤلاء الرجال في اسكتلندا كان لديهم شيء لا نملكه نحن، لأنّ الشوط الثاني من المباراة بدأ على نحو مشابه جدّاً للشوط الأوّل.

خرجَت الأمور عن السيطرة في الربع الرابع، لدرجة أنّ المدرّب باتيل أدخلني الملعب أنا وبقيّة لاعبي الاحتياط. ولكن إذا كان يأمل في أن نمنح فريقنا دعماً ونقلب النتيجة رأساً على عقب، فلا بدّ أنّه أصيب بخيبة أمل كبيرة.

بصراحة، لا أستطيع حتّى أن أتذكّر النتيجة النهائية. كـلّ ما أذكـره أنّـه في رحلة العودة إلى المنـزل، قالت أمّـي إنّ مـدرّبنا كان يجب أن يستخدم مناورات مختلفة، وأنّني كنت أستحقّ الحصول على مزيد من وقت اللعب.

أمّا أبي فاكتفى بالقول إنّها لو كانت مباراة غولف لفزنا نحن، لأنّنا حصلنا على النتيجة الأدنى. أعتقد أنّهما كانا يحاولان التخفيف عنّي، لكنّهما لم ينجحا في ذلك حقاً.

<u>الأحد</u>

ترّدد أمّي دائماً أنّ الرياضة تجمع بين الناس، لكنّني أظنّ أنّها قد تكون مخطئة في هذا الشأن. إذ أثبتت لي تجربتي أنّ الرياضة تفرّقنا وحسب.

هكـذا، فـإنّ أهـالي بلدتي لا يطيقون البلدات المجاورة لأنّ أبناءها يهزموننا دائماً في المباريات الرياضية. غير أنّ البلدة التي نكرهها أكثر من غيرها كانت سلاكسفيل، لأنّ ذلك الفريق يدمّرنا على الدوام.

والأمور مستمرّة على هذا النحو منذ ما قبل ولادتي. فكلّما ذكر أحد العجائز في بلدتي اسم سلاكسفيل، ترونه يبصق حتماً.

مع ذلك، فإنّ مشاكل بلدتي مع سلاكسفيل ترجع إلى أسباب أعمق بكثير من الرياضة. فمنذ نحو مائة عام، كان من المفترض أن يقام مصنع مجوهرات في بلدتنا، الأمر الذي كان سيوفّر لنا كثيراً من الوظائف والمال. غير أنّ بعض كبار الشخصيّات من سلاكسفيل انقضّوا علينا في اللحظة الأخيرة وسرقوا منّا المصنع.

اليوم، لدى سلاكسفيل عدد لا يحصى من المنشآت الهامّة، من بينها مركز تجاري وملعبَين للغولف. أمّا نحن، فليس لدينا ما انتباهى به سوى سينما مهجورة في الهواء الطلق وشطائر ماركوني.

لذلك فإنّنا في بحث دائم عن طرق للانتقام من أولئك الناس. وبما أنّنا لا نستطيع أن نهزمهم في الرياضة، علينا أن نتحلّى بالإبداع.

في العام الماضي، كانت الولاية تخطّط لوضع مكبّ نفايات كبير في بلدتنا. فعمدنا إلى إجراء بعض التعديلات على قوانين تقسيم المناطق لدينا، وهكذا اضطرّت الولاية لوضع المكبّ في سلاكسفيل بدلاً من ذلك. وقد سمعت أنّهم ليسوا سعداء حقّاً بما حدث.

مع ذلك، بدا لنا أن الأمور تتّجه نحو التغيّر قبل بضعة أشهر، عندما اتّصل عمدة سلاكسفيل بعمدتنا وقال إنّه يرغب في تقديم عرض للسلام. في كلّ عام، تشعل مدينتنا ناراً عملاقة في المتنزّه في ذكرى الرابع من يوليو، وهذا العام، أراد سكان سلاكسفيل التبرّع بالحطب.

كـان التوقيت رائعاً، ذلك أنّ بلدتنا تفتقر إلى الأمـوال المخصّصة للأنشطة الترفيهية، ولم تكن قادرة على تحمّل تكاليف إشعال النار هذا العام على أيّ حال .

فما كان من عمدتنا إلّا أن أعطت الضوء الأخضر لتنفيذ الخطّة . ولم تكد تمضِ بضعة أيّام، حتى أن بـدأت الشاحنات بالتوافد من سلاكسفيل محمّلة بأكوام من الخشب . حتّى إنّهم نصبوا الأخشاب مجّاناً .

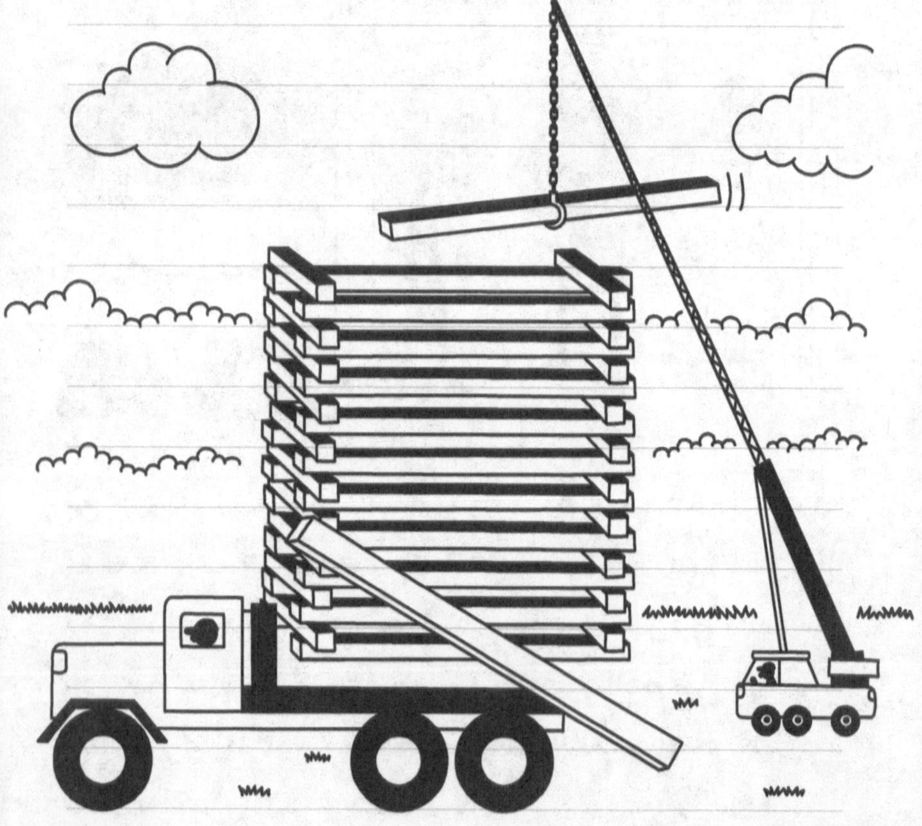

ولكن عندما كنّا على وشك إشعال النار في الرابع من يوليو، جاء مفتّشنا الصحّي إلى حديقة المدينة وقد بدا عليه الهلع، وقال إنّ الخشب الآتي من سلاكسفيل مُعالَج كيميائياً. ولهذا السبب، لا يمكننا إشعاله، لأنّه سيطلق أبخِرة خطِرة في الهواء.

في اليوم التالي، اتّصلت عمدتنا بعمدة سلاكسفيل وأخبرته أنّه سيتعيّن عليه إرسال شخص ما لتحميل الخشب ونقله بعيداً. لكن أعتقد أنّ عمدتهم كان يعلم أساساً أنّ الخشب ملي‌ء بالموادّ الكيميائية، وقد وجد الأمر برمّته مضحكاً للغاية.

والآن باتت لدينا كومة هائلة من الخشب المتعفّن في وسط حديقة مدينتنا. وفي هذا الخريف، اضطرّ أطفال الحضانة للعب كرة القدم حولها.

إلّا أنّ موسم كرة القدم لديهم توقّف عندما انتقلت مجموعة من الحيوانات للعيش داخل كومة الخشب، واتّفق الجميع على أنّه من الخطر جدّاً على الأطفال الاستمرار باللعب بالقرب منها.

لذلك أعتقد أن سلاكسفيل هي التي ضحكت أخيراً، على الأقلّ حتّى الآن .

أنا أتحدّث عن هذه الأمور الآن لأنّنا سنشارك اليوم في أوّل مباراة لنا خارج أرضنا، وبالطبع، سنلعب في سلاكسفيل . انتابني شعور بالغثيان عندما تجاوزنا اللافتة، لأنّني لم أذهب إلى هناك منذ سنوات .

كانت مباراتنا ستجري على هضبة سلاكسفيل،
وكانت صالتهم الرياضية أفضل بكثير من صالتنا.
عندما دخلنا، بدا لي الملعب جديداً تماماً، ولم أرَ
علكلة واحدة على الأرض.

اكتظّت الصالة الرياضية بالمتفرّجين حتّى قبل
وصولنا إلى هناك. وبينما كنّا نمارس تمارين
التحمية، بدأ الناس بإطلاق صيحات الاستهجان.

طحّة

حضر عدد قليل فقط من آبائنا لتشجيعنا. أمّا أنا، فاضطررت للذهاب إلى المباراة مع إدوارد ميلي، لأنّ أمّي قالت إنّ عليها مرافقة أبي إلى مسرحية ماني في صفّ الحضانة.

غير أنّني أتساءل قليلاً ما إذا كانت أمّي قد تخلّت عنّي لأنّها توقّعت ما ينتظر فريقَنا في سلاكسفيل.

لم أكن أطيق الانتظار لبدء المباراة حتّى أتمكّن من أخذ مكاني على طرف مقعد لاعبي الاحتياط. ولكن كان ثمّة أشخاص يجلسون في ذلك المكان أساساً، ولم أجد أيّ متّسع لي.

رأيتُ أخيراً مساحة خالية على ارتفاع عدّة صفوف في المدرج، فما كان منّي إلّا أن جلستُ هناك عندما عندما بدأت المباراة. لكنّني خشيت أن يلاحظ الناس أنّني لستُ من سلاكسفيل، وأن يسبّبوا لي المتاعب. لذلك، كلّما أطلق الجمهور صيحات الاستهجان ضدّ فريقي، كنتُ أحذو حذوهم.

في الواقع، كان من السهل جدّاً القيام بذلك، لأنّنا بدأنا بداية رهيبة مجدّداً. فقد استهلّ فريق سلاكسفيل اللعب بتسجيل هدف ميداني عميق من ثلاث نقاط، ثمّ سلبونا الكرة وسدّدوا هدفاً آخر. وسرعان ما تقدّموا علينا بفارق عشرين نقطة.

اعتقدت أنّهم بمجرّد تفوّقهم علينا، سيبدأون بالتعامل معنا برفق. لكن يبدو أنّ الجميع في سلاكسفيل مازالوا غاضبين من مسألة مكبّ النفايات، لأنّ لاعبيهم لم يتهاونوا معنا على الإطلاق.

بدأوا بعد ذلك بممارسة الضغط عبر كامل الملعب، بحيث لم نتمكّن حتّى من تجاوز نصف الملعب بالكرة. لا بل في الواقع، لم نتمكّن حتّى من اللعب لأنّ لاعبي سلاكسفيل أعاقوا حركتنا تماماً.

كان المدرّب باتيل يصرخ على فريقنا من الخطوط الجانبية، إلّا أنّ ضجيج جمهور سلاكسفيل طغى على صوته.

بين الحين والآخر، كان فريقي يستولي على الكرة، ولكن بعد ذلك، يتجمّع ثلاثة أو أربعة من لاعبي سلاكسفيل حول الفتى الذي تلقّى التمريرة.

لم نتمكن أيضاً من الاستحواذ على أيّ كرات مرتدّة، لأنّ لاعبهم الأوسط كان طويل القامة لدرجة أنّ يوسف بدا قصيراً بالمقارنة.

بحلول نهاية الشوط الأوّل، كانت النتيجة 52-0، بحيث أمِلتُ أن يستخدم الحكّام قاعدة الرحمة وينهوا المباراة. لكن لا أعتقد أنّ هذه القاعدة تطبّق في كرة السلّة.

أنا متأكّد من أنّ الأشخاص الذين يديرون صالة سلاكسفيل الرياضية قد رفعوا درجة الحرارة في غرفة تبديل الملابس المخصّصة للزوار لمجرّد التسبّب لنا بالإزعاج، لأنّ الغرفة كانت أشبه بالحمّام البخاري.

ألقى علينا المدرّب باتيل خطاباً آخر، لكنّه لم يكن هذه المرّة عن الجيوش الاسكتلندية أو أيّ شيء من هذا القبيل، بل كان عن الفخر.

قال إنّنا عندما وقفنا على أرض الملعب، كنّا نمثّل بلدتنا. ثمّ أضاف أنّه يجب علينا ألّا نعير النتيجة أيّ اهتمام، لأنّ الشيء الوحيد الذي يهمّ الآن هو الضراوة التي سنقاتل بها.

وقد أثار ذلك حماسة الجميع، تماماً مثل الخطاب الذي ألقاه علينا في مباراتنا الأولى.

غير أنّ عدداً من لاعبي فريقي فهموا كلام المدرّب باتيل بحَرفيّته. وما إن بدأ الشوط الثاني، حتّى كان فريقنا على أتمّ الجهوزيّة لخوض قتال حقيقي. كان يوسف هو الذي بادر بضربة مرفق، ثمّ أسقطت روبي بيرد اللاعبَ الأوسط في فريق سلاكسفيل.

ثم بدأ الأخَوان وودلي يتعاركان مع بعضهما البعض لسبب ما.

لكن كان لدى الحكّام مشاكل أكبر اضطرّوا للتعامل معها. إذ وقع جدال حامٍ بين والدة كيفن بومودورو وإحدى أمّهات سلاكسفيل على المدرج، وما لبثت المرأتان أن اشتبكتا في عراك بالأيدي.

وعندما توجّه الحكّام إلى المدرج لفضّ النزاع، قرّرتُ أن أجد لنفسي مكاناً على مقعد لاعبي الاحتياط، لأنّه بات أكثر أماناً بكثير.

إلّا أنّني تمنّيت لو بقيت في مكاني. فعندما تمّ طرد روبي ويوسف بسبب طريقتهما العنيفة في اللعب، استبدلهما المدرّب بي أنا وتومي تشو.

سحب مدرّب سلاكسفيل لاعبي الشوط الأوّل لمنحهم
قسطاً من الراحة، وأدخل مكانهم لاعبي الاحتياط هو
الآخر .

طلب منّا المدرّب باتيل تطبيق إحدى المناورات التي
علّمَنا إيّاها أثناء التدريب . وصدّقوا أو لا تصدّقوا،
فقد نجحَت المناورة بالفعل .

أصبحت النتيجة الآن 52-2، وانزعج جمهور سلاكسفيل
جدّاً لأنّهم ظنّوا أنّهم سيحرزون نصراً ساحقاً .

فما كان من مدرّب سلاكسفيل إلّا أن أعاد إدخال جميع لاعبي الشوط الأوّل إلى المباراة. فحصدوا ثلاثاً وعشرين نقطة متتالية، وبدا لنا أنّنا عاجزون تماماً عن إيقافهم.

لم أفهم أياً من مناورات المدرّب باتيل، لذلك رحتُ أركض في الملعب ذهاباً وإياباً، وحاولت أن أبدو وكأنّني أعرف ما أفعله. ولكن فجأة، تعاون لاعبان ضدّ كيفن، فما كان منه إلّا أن رمى لي الكرة.

لم أعرف ماذا يفترض بي أن أفعل، لذا حاولتُ أن أرمي الكرة للتخلّص منها. إلّا أنّ أحد لاعبي سلاكسفيل صفعني على ذراعي، فأطلق الحكم صفّارة معلناً ارتكاب خطأ.

وضعني الحكم على خطّ الرمية الحرّة، وأعطاني الكرة. فتمنّيت حقّاً لو أنني أتذكّر شيئاً ممّا علّمنا إيّاه المدرّب باتيل عن تقنيّة الرماية، لأنّ جميع الأنظار كانت عليّ.

ولم يكن جمهور سلاكسفيل يسهّل عليّ التركيز حقّاً.

أعتقد أنّه يجب على المشجعين التزام الصمت عندما يحاول اللاعب تسديد رمية حرّة، لكن عندما طلبتُ منهم أن يكونوا أكثر أدباً، ثاروا عليّ.

أضعتُ تسديدتي تماماً، فصاح بي الجمهور غاضباً. لكن على الأقلّ، ارتحتُ من هذا الهمّ.

غير أنّ الحكم أعاد لي الكرة وطلب منّي أن أسدّد مرّة أخرى. ظننتُ أنّه بمنحي محاولة ثانية، فهو يعاملني بلطف وحسب. لكن تبيّن أنّه عند ارتكاب خطأ لحظة التسديد، يحصل اللاعب على تسديدتين.

لم آكن أرغب في إضاعة الفرصة مجدّداً، لذلك فكّرت في رمي الكرة إلى الخلف، علّني أسجّل هدفاً. إلّا أنّني خشيت أن أثير غضب المدرّب باتيل، لذلك قرّرت أن أجرّب تسديدة الجدّة، وأن أرمي الكرة من بين ساقيّ.

لكن عندما نفّذتُ تلك الرمية، حتى الجدّات سَخِرنَ منّي.

بعد ذلك، أصبحتُ على استعداد للعودة إلى مكاني على مقعد لاعبي الاحتياط. لذا، استبدلتُ نفسي بلاعب آخر، الأمر الذي اكتشفت لاحقاً أنّه لا يفترض باللاعب فعله في الواقع.

واصل فريق سلاكسفيل رفع النتيجة، وسرعان ما بلغت 98-2. ثمّ سدّد أحد لاعبيهم هدفاً بثلاث نقاط، ليصبح مجموع نقاطهم الآن 101 نقطة. لكنّ لوحة النتائج لا تعرض سوى رقماً مؤلّفاً من عددين فقط لكلّ فريق، لذلك بدا فجأة كأنّنا متقدّمون عليهم.

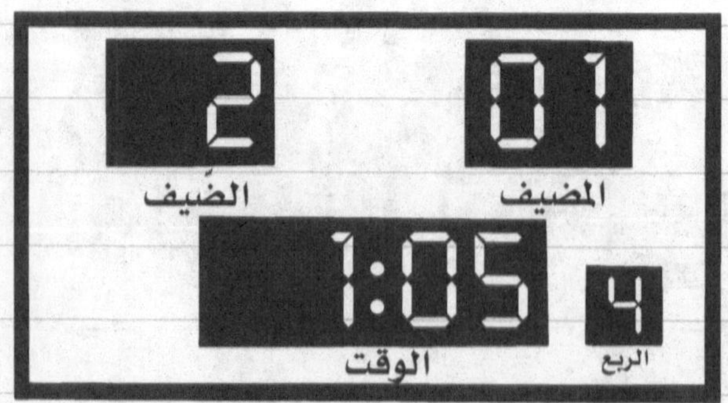

جنّ جنوننا على مقاعد الاحتياط، وأثار ذلك حفيظة
جمهور سلاكسفيل.

كانت الدقائق المتبقّية تنقضي تدريجياً، فحاول
فريق سلاكسفيل نقل الكرة إلى أعلى الملعب. لكنّ
فريقنا كان يلعب الآن بفخر، فتصدّينا لهم عند
خطّ الدفاع.

تمكّن لاعبو سلاكسفيل من تجاوزنا، ونجحوا بتسديد هدف. وعندما انطلق الجرس الأخير، كانوا قد تفوّقوا علينا.

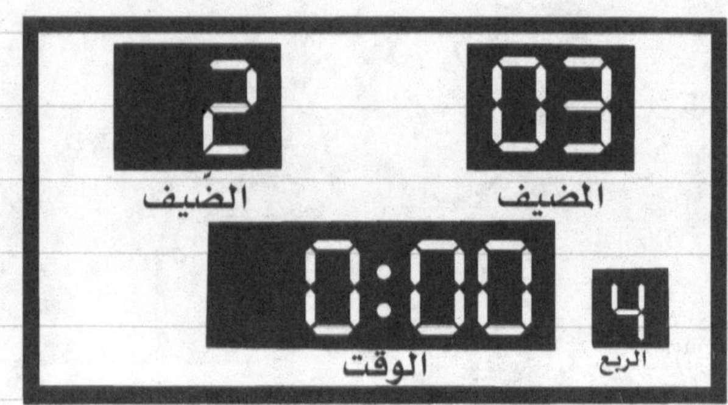

لم أشعر أنّني أفضل حالاً إلّا عندما توقّف السيّد ميلي عند مكبّ سلاكسفيل للتخلّص من مرتبة قديمة. قد لا نتمكّن من التغلّب على هؤلاء الرجال في الرياضة، ولكن على الأقلّ، بلدتنا لا تفوح بالروائح الكريهة.

نوفمبر

<u>الثلاثاء</u>

أتمنّى القول إنّه بعد مباراتنا ضدّ سلاكسفيل، تحسّن فريقنا وفزنا ببعض المباريات خلال الموسم، لكنّ ذلك لم يحدث مع الأسف. في الحقيقة، ازدادت الأمور سوءاً مع تقدّم الموسم.

بعد مباراة سلاكسفيل، اتّصل السيّد ماركوني من متجر شطائر ماركوني بالمدرّب باتيل، وأخبره أنه لم يعد يرغب في رعاية فريقنا بعد الآن. ولكن بحلول ذلك الوقت، لم يعد بالإمكان تغيير زيّنا الرياضيّ، لذلك استخدمنا شريطاً كهربائياً لاصقاً لإخفاء الشعارات.

غير أنّ هذه الفكرة تحوّلت إلى مشكلة. ففي مباراتنا التالية، التصق شريط كهربائي من قميص يوسف بوجه أحد لاعبي الفريق الآخر. وعندما قامت والدة الفتى بإزالة الشريط، انتزعت معه حاجبه بالكامل.

كلّما بدأنا نتخلّف في مباراة ما، تشرع أمّي في اقتراح تعديلات تكتيكيّة على المدرّب باتيل. ولست متأكّداً من أنّه يقدّر نصائحها حقاً.

في مرحلة من المراحل، بدأ مدرّبو الفرق الأخرى يشعرون بالأسف تجاهنا، فيعمدون إلى إدخال لاعبيهم الاحتياطيين بدلاً من اللاعبين الأساسيّين، رأفةً بنا. لكنّ ذلك لم يغيّر النتائج.

بدأ أهالي أعضاء فريقنا يشتكون للجنة الدوري لأنّنا نخسر بفارق كبير جدّاً، الأمر الذي قد ينعكس سلباً على ثقتنا بأنفسنا. لذلك قامت اللجنة بإجراء بعض التغييرات على القواعد، سعياً منها لإبقاء الأمور تحت السيطرة.

نصّت القواعد الجديدة على أنّه إذا كان فريقكم متقدّماً بعشرين نقطة أو أكثر، فيجب عليكم القيام بخمس تمريرات قبل أن تسدّدوا مجدّداً.

وقد ساهم ذلك بالفعل في إبقاء النتيجة منخفضة، لكنّ الأمر كان مهيناً جدّاً عندما راح لاعبو الفريق الآخر يحتسبون تمريراتهم بصوت عالٍ .

ثمّ بدأ لاعبو الفرق الأخرى بمحاولة إبقاء نتائجهم منخفضة من تلقاء أنفسهم . وقد جرّبوا كافّة الطرق على أنواعها، مثل تنطيط الكرة بأيديهم اليسرى فقط، وحتّى إغماض أعينهم عند تسديد الأهداف .

غير أنّ الفارق بين النتائج ظلّ كبيراً. لذلك، في منتصف الموسم، اتّخذت لجنة الدوري تدبيراً أكثر جذرية لمساعدتنا على الفوز . ففي إحدى العطل الأسبوعية، خفّضوا مستوى المجموعة العمرية التي نلعب ضدّها. وفي الأسبوع الذي تلا ذلك، خفّضوا المستوى درجة أخرى .

وما من شيء يوازي الهزيمة أمام مجموعة من أولاد المدرسة الابتدائية ليجعلكم تشعرون بالرضا عن أنفسكم.

سدّدتُ هدفاً واحداً فقط خلال الموسم بأكمله، لكنّه كان في السلّة الخاطئة. وأعتقد أنّ المدرّب باتيل لم يشأ أن يفسد عليّ فرحتي، لذلك لم يقل أيّ شيء، بل تركني أعيش اللحظة.

بحلول نهاية الموسم، كانت أمّي فقط وعدد قليل من الأهالي يحضرون المباريات. وفي ذلك الوقت، حتّى الحكّام كفّوا عن متابعتنا.

كنّا سعداء للغاية عندما انتهى الموسم أخيراً لدرجة أنّنا أعطينا المدرّب باتيل حمّام نصر، تماماً كما يفعلون عندما يفوز فريق بالبطولة. لكن آمل أن يكون قد أخذ حمّاماً حقيقياً عندما عاد إلى المنزل، لأنّ ذاك الشيء، كان مليئاً بالعرق.

بعد مباراتنا الأخيرة، أقمنا مأدبة نهاية الموسم لدى شطائر ماركوني. والسبب الوحيد الذي جعل السيّد ماركوني يوافق على استضافتنا أنّه لم يكن قد أعاد فتح مطعمه رسميًّا بعد، وكان بحاجة إلى العمل. لكنّني تجنّبت أيّ طعام يحتوي على المايونيز، من باب الحيطة.

وزّع علينا المدرّب باتيل شهادات تقدير، وحصل كلّ لاعب منّا على واحدة. ولكن بما أنّ أيًّا منّا لم يحقّق نتيجة جيّدة هذا الموسم، فقد اضطرّ لأن يكون مبدعاً.

بعد أن تناولنا كعكة، ألقى المدرّب باتيل كلمة. قال إنّنا ربّما لم نفز بأيّ مباراة، لكنّه فخور بنا لأنّنا بذلنا قصارى جهدنا ولم نستسلم على الإطلاق.

ثمّ أضاف أنّه على الرغم من أنّ فريقنا لا يضمّ لاعبين يُحتمل أن يصبحوا رياضيّين محترفين في المستقبل، إلّا أنّه ثمّة كثير من المهن الأخرى المشوّقة بانتظارنا، مثل المحاسبة وتصميم الويب وعروض الدمى.

لم يكن خطابه ملهماً كبعض الخطب التي ألقاها علينا خلال الموسم، لكن لا يمكن أن نتوقّع أن تكون جميع خطبه ناجحة.

كنت سعيداً لأنتهاء الموسم أخيراً، لأنّ ذلك يعني أنّني أستطيع العودة إلى حياتي الطبيعيّة. وأنا واثق من أنّ زملائي في الفريق يوافقونني الرأي هم أيضاً. غير أنّ الشخص الوحيد الذي لم يستطع نسيان الأمر كانت أمّي.

قبل أن يستقلّ الأستاذ باتيل سيّارته للمغادرة، أخبرته أمّي عن بطولة الولاية للفرق التي لم تفز بأيّ مباراة خلال الموسم. ثمّ عرضت عليه منشوراً كانت قد طبعته بواسطة الطابعة.

تهنّيت حقّاً لو أنّ أمّي سألتني عن رأيي أوّلاً، لأنّ آخر ما أردته كان ممارسة مزيد من رياضة كرة السلّة. لكن لِحُسن الحظّ، كان رأي الأستاذ باتيل من رأيي.

أخبر الأستاذ باتيل أمّي أنّ فريقنا ميؤوس منه في كرة السلّة، وأنّه ليس على استعداد للتسبّب لنا بمزيد من البؤس. وعلى الرغم من أنّ الأمر بدا قاسياً بعض الشيء، إلّا أنّ أمّي لم تتجادل معه.

بعد أسبوع، دعت أمّي الفريق بأكمله إلى منزلنا. ظننتُ في البداية أنّها واحدة من تلك الحفلات التي تقام في نهاية الموسم، فنأكل فيها البيتزا وربّما نشاهد فيلماً أو شيئاً من هذا القبيل، لكنّ المسألة كانت مختلفة تماماً.

بمجرّد وصول الجميع إلى منزلنا، قالت أمّي إنّ لديها إعلاناً. ثمّ أخبرتنا أنّها ستُدخلنا في بطولة الفرصة الثانية، وأنّها ستدرّبنا بنفسها.

ثمّ أضافت أنّنا سنشارك في البطولة كفريق جديد تمامًا البداية جديدة، وبدأت توزّع علينا الزيّ الرياضيّ.

تحمّس الجميع للفكرة، لا سيّما وأنّ تلك القمصان بدت باهظة الثمن. فهي مطرّزة باللونين الأزرق والذهبيّ، كما كُتب الاسم الأخير لكلّ منّا على جهتها الخلفيّة. ولم يكن ثمّة راعٍ هذه المرّة، لذا أعتقد أنّ أمّي دفعت ثمنها من جيبها.

حملت الجهة الأمامية لكلّ قميص صورة أحد تلك الكلاب التي تجرّ الزلّاجات والتي ترونها في ألاسكا. وأوضحت أمّي أنّ فريقنا سيحمل اسم هاسكي، تماماً مثل فريق كرة السلّة الذي شاركت فيه أيّام المدرسة الإعدادية.

كان واضحاً جدّاً أنّ أمّي تحاول وحسب إحياء أمجادها من خلالنا نحن، لكنّني لم أكترث حقّاً. فكما سبق وقلت، كانت تلك القمصان جميلة.

أكّدت لنا أمّي أنّنا سنكون فائزين هذه المرّة. وبدا لي ذلك أفضل بكثير من كوننا محاسبين ومحرّكي دمى.

<u>الخميس</u>

يفصلنا أقلّ من أسبوع عن البطولة الكبرى، لذا لم يكن أمام فريقنا كثير من الوقت للاستعداد. ولكن بعد تدريبنا الأوّل، سررتُ نوعاً ما بضيق الوقت.

إذ يختلف أسلوب أمّي في التدريب تماماً عن أسلوب الأستاذ باتيل. فبدلاً من العمل على مهاراتنا في كرة السلّة، قمنا بمجموعة من التمارين لزيادة التقارب بين أعضاء الفريق.

أتمنّى فقط أن تكون أمّي مدركة لما تفعله، لأنّني لا أفهم على الإطلاق كيف ستساعدنا هذه الأمور في الفوز بأيّ مباراة.

كان من المفترض أن يساعدنا أحد التمارين على التعرّف على بعضنا البعض بشكل أفضل. وفيه نقف في دائرة، وعندما يرمي أحدنا الكرة إلى لاعب آخر، عليه أن يخبر الجميع بشيء عن نفسه. هكذا، عندما حان دوري لرمي الكرة، أخبرتهم أنّني أحبّ الآيس كريم بر قائق الشوكولاتة بالنعناع.

لكن عندما استلم إدوارد ميلي الكرة، بدأ الأخير بالكلام. أخبرنا أنّ زوجة أبيه صارمة جدّاً وأنّها لا تحبّ سلحفاته الأليفة التي حصل عليها في عيد ميلاده.

في الواقع، استمرّ حديثه لفترة طويلة لدرجة أنّ أمّي اضطرّت لأخذ الكرة منه وتسليمها لشخص آخر.

بعد ذلك، لعبنا كرة السلّة فعليّاً. حاولت أمّي تعليمنا بعض المناورات التي استخدمها فريقها في العام الذي وصلوا فيه إلى نهائيّات الولاية، لكنّنا واجهنا صعوبة في فهم الأمور.

لم أكن أعتقد أنّ كوننا فاشلين هو أمر سيّئ حقّاً. فقد شاهدتُ مجموعة من الأفلام عن الفرق المستضعَفة، التي تستجمع قواها لاحقاً وتفوز في النهاية. وكنت أتساءل عمّا إذا كان بإمكاننا نحن فعل ذلك.

لكنّ لاعبي تلك الفرق لا يحقّقون مكاسب مادّية، لأنّهم ليسوا هم من يروون القصّة. لذلك خطر ببالي أنّنا إذا تحوّلنا إلى إحدى تلك الفرق التي تلهم إحدى الشركات إنتاجَ فيلم، فسألكون أنا مَن يتقاضى المال.

لذا، قبل التدريب الليلة، قمتُ بصياغة نموذج إذن، وطلبتُ من زملائي في الفريق التوقيع عليه .

أنا الموقّع أدناه، ________ ، أفوّض بموجب هذا المستند غريغ هيفلي لاستخدام مظهري الخارجي وصورتي في فيلم أو مسلسل تلفزيوني وأيّ أجزاء لاحقة، في جميع أنحاء الكون وإلى ما لا نهاية.

____

وقّع هنا

الشخص الوحيد الذي سبّب لي مشكلة بهذا الشأن كان يوسف، الذي قال إنّ عليه أن يسأل والديه قبل أن يوقّع على النموذج . ولكن بعد أن وعدتُ بإعطائه وجباتي الخفيفة للأيّام الثلاثة التالية، وافق على التوقيع هو الآخر .

ما علينا الآن سوى الفوز بهذه البطولة لكي أتمكّن من بيع الحقوق لأحد تلك الاستوديوهات التي تنتج أفلاماً جيّدة. حتّى إنّه بإمكاني منذ الآن أن أتخيّل الملصق.

كانت بطولة الفرصة الثانية تجري في ملعب يقع في وسط الولاية. وأعتقد أنّ أهالي زملائي في الفريق قد سئموا من كرة السلّة، لأنّ أيّاً منهم لم يرغب في القيادة إلى هناك.

فما كان من أمّي إلّا أن استأجرت أمس حافلة كبيرة لتُقلّ فريقَنا إلى البطولة. قالت إنّه من المحتمل أن نلعب غداً أيضاً، لذلك طلبت منّا حزم حقائب لتمضية الليلة هناك.

غير أنّ بعض الأولاد حزموا أكثر بكثير ممّا يلزم لليلة واحدة. فأحضر يوسف رغيفَين من الخبز وكمّية كبيرة من المؤونة للشطائر، بالإضافة إلى حقيبة ظهر مليئة بالزبيب المغطّى بالشوكولاتة.

كما أحضر جاباري معه جهاز ألعاب الفيديو وشاشة كمبيوتر حتّى نتمكّن جميعاً من اللعب في الحافلة. لكن أعتقد أنّ هذا الحمل كان كبيراً على النظام الكهربائي للسيارة، لأنّنا اضطررنا للتوقّف عند ورشة تصليح بسبب تعطّل اللوحة الكهربائية.

توقّفنا مرّة أخرى عندما احتاج يوسف لاستخدام الحمّام بعدما تناول نصف كمّية الزبيب المغطّى بالشوكولاتة بمفرده. وعلى الرغم من أنّنا غادرنا قبل ساعتين من الوقت اللازم، إلّا أنّنا بالكاد وصلنا إلى البطولة في الموعد المحدّد.

بما أنّ هذه المنافسة كانت كبيرة، فقد ظننت أنّها ستقام في حرم جامعيّ، أو مركز مؤتمرات، أو شيء من هذا القبيل.

لذلك أُصبت بخيبة أمل كبيرة عندما توقّفنا عند السجن القديم المقرّر هدمه في العام المقبل.

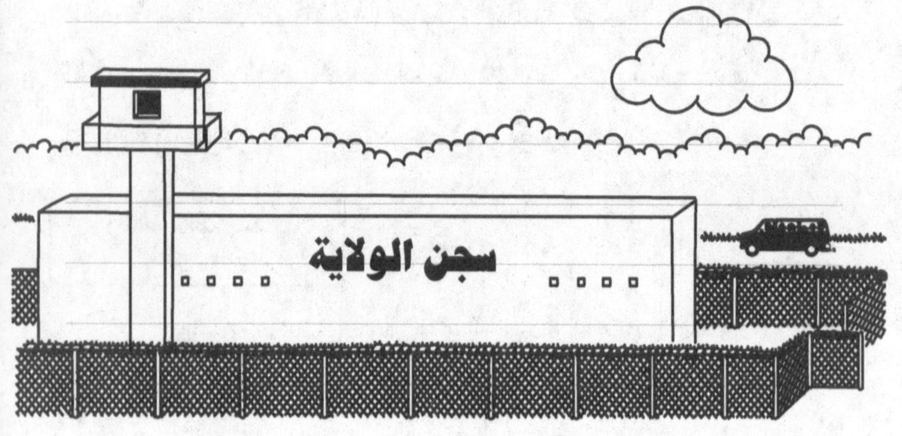

ولكن أعتقد أنّ هذا ما ينتظر الفريق عادة عندما يكون من بين الأسوأ في الولاية.

عندما ذهبت أمّي إلى مكتب التسجيل، فوجئت هناك بخبر غير متوَقّع. فقد كان ثمّة فريق آخر يُدعى هاسكي في هذه البطولة، فاضطرّت نتيجةً لذلك إلى ابتكار اسم آخر. وأعتقد أنّ أمّي كانت متوتّرة أصلاً بسبب التأخير، لذلك كتبَت أوّل اسم خطر ببالها.

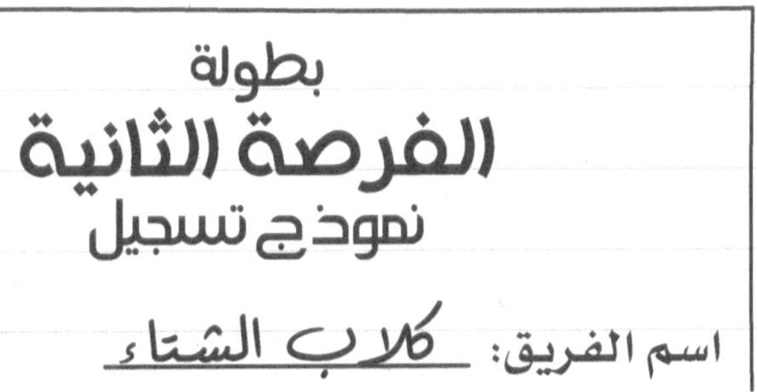

لكن عندما رأيت أسماء بعض الفرق الأخرى التي نتنافس ضدّها، لم أعد أشعر بالإحراج من اسم فريقنا.

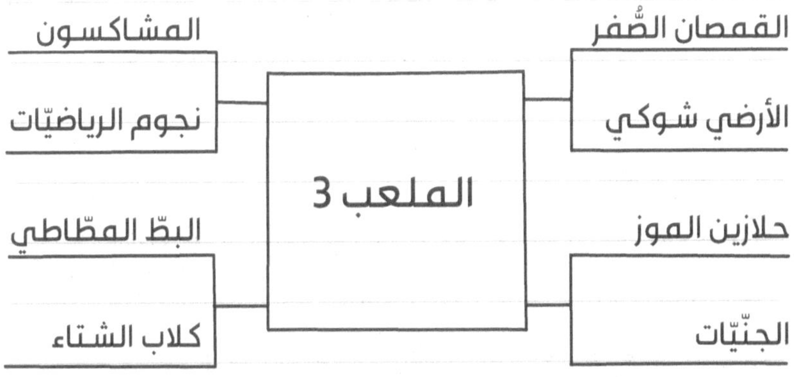

كانت المباريات تقام في مساحة مفتوحة كبيرة لا بدّ أنّها استُخدِمَت في الماضي كَكَافتيريا قبل أن يغلق السجن. عُلّقت هناك لافتة كُتبت عليها قائمة من القواعد، ولست متأكّداً ممّا إذا كانت موجّهة لنا أم للسجناء.

وكانت الملاعب مصطفّة جنباً إلى جنب، على نحو لم يترك أيّ مجال للجمهور لمشاهدة المباريات. ولكن لا بأس في ذلك، إذ بدا لي أنّ أيّاً من الأهالي لم يحضر إلى هذه المباريات أيضاً.

كان خصومنا يستعدّون أساساً في الملعب رقم ثلاثة. ولا بدّ لي من الاعتراف أنّني شعرت ببعض الارتياح عندما علمت أنّنا سنلعب ضدّ نجوم الرياضيّات في الجولة الأولى.

لكن ما كان يجدر بي أن أقلّل من شأن أولئك الفتيان، لأنّهم عوّضوا عن قلّة مهارتهم بكرة السلّة بأدمغتهم.

كان فريقهم رديئاً في الدفاع، لذلك سجّلنا عدداً من الأهداف أيضاً. لكنّنا لم نتمكّن من فعل أيّ شيء لصدّ هجومهم. وعندما انطلق الجرس الأخير معلناً نهاية المباراة، كانت النتيجة 37-30، لصالح نجوم الرياضيّات.

شعرت أنا وزملائي بالدهشة لأنّنا كنّا نعلم أنّنا أفسدنا هذه فرصتنا الكبيرة لإحراز فوز. ناهيكم عن أنّنا شعرنا بالغباء لأنّنا حزمنا حقائب لتمضية الليلة.

لكن في تلك اللحظة، أخبرتنا أمّي بأمر صادم حقّاً. إذ قالت إنّه في بطولة الفرصة الثانية، يلعب الفريق حتّى يفوز.

هذا يعني أنّ فريق نجوم الرياضيّات سيغادر، ونحن سنبقى.

حسناً، هذا يغيّر كلّ شيء.. فهو يعني أنّنا عالقون في هذا المكان حتّى نحقّق النصر. والآن أصبح قرار إقامة هذه البطولة في سجن منطقيّاً للغاية.

تفحّصَت أمّي نتائج مباريات الجولة الأولى لمعرفة الفريق الذي سنلعب ضدّه تالياً. كان اسم الفريق المشاكسون، وقد بدا مخيفاً بعض الشيء، أكثر من نجوم الرياضيّات.

ثمّ جاءت أمّي بالخبر اليقين. كان فريق المشاكسون مكوّناً من جميع أولاد الولاية الذين طُردوا من المباريات بسبب الشجار، ولذلك أظنّ أنّ بطولة «الفرصة الثانية» لا تتعلّق فقط بالفوز.

عندما ألقينا نظرة أولى على أولئك الفتيان، أدركنا على الفور أنّنا في ورطة.

فرِحتُ حقّاً لأنّ أمّي لم تضعني في التشكيلة الأساسيّة، ذلك أنّ المباراة كانت عبارة عن معركة من أوّلها إلى آخرها. فبعد إعلان بداية المباراة مباشرة، تعلّق أحد لاعبي المشاكسون بملابس كيفن. فما كان من روبي بيردا إلّا أن قفزت على ظهر ذلك الفتى، ثمّ انضمّ الجميع إلى العراك.

لا أعتقد أنّ الحكّام أرادوا التدخّل في خضمّ معركة، لذلك تركوا الأمور تأخذ مجراها الطبيعي. وأنا متأكّد من أنّهم لم يطلقوا صفّاراتهم ولو مرّة واحدة.

بما أنّ المباريات لم تشتمل على لعب كرة سلّة فعليّة، لم يتمّ تسجيل كثير من الأهداف. لكنّ فريق المشاكسون تفوّق علينا في النهاية، وكانت النتيجة النهائية 6-5.

كان فريقنا منهكاً للغاية بعد المشاركة في مباراتَين متتاليتَين، لكنّ الرحلة لم تنته بعد. فقد كان علينا مواجهة فريق يدعى همسات المسرح في الجولة الثالثة، وقد بدا عليهم التعب هم أيضاً.

لم أستطع أن أعرف ما حكاية أولئك الأولاد إلّا عندما بدأنا اللعب. لا بدّ أنّهم ينتمون إلى فرقة مسرحيّة في مدرستهم، لأنّهم كانوا جميعاً ممثّلين بارعين.

فكلّما اقترب أحد لاعبينا من أحدهم، كان هذا الأخير أرضاً ينطرح ويتصرّف كأنّه مصاب. وعلى الرغم من أنّنا لم نلمسهم البتّة، إلّا أنّنا حصلنا على خمسة عشر خطأً شخصياً في الربع الأوّل.

سجّل فريقهم جميع نقاطه تقريباً من خطّ الرمية الحرّة، وانتهى بنا الأمر بخسارة تلك المباراة بنتيجة 33-17. ولو اضطرّرنا للمشاركة في مباراة أخرى بعد ذلك، فلا أعتقد أنّنا كنّا سنتمكّن من الصمود.

لحسن الحظّ، لن تبدأ الجولة التالية حتّى الصباح، لذلك ذهبنا إلى فندق يقع على بعد أميال قليلة، وكنت أتطلّع إلى تمضية ليلة نوم هانئة. لكن أعتقد أنّ أمّي لم تتوقّع أن نلعب حتّى وقت متأخّر خلال البطولة، لذلك لم تحجز غرفَنا مسبقاً. وفي تلك الساعة، لم نجد سوى غرفتَين خاليتَين في الفندق.

لذلك حجزت أمّي غرفة لها ولروبي، وأخرى لنا نحن البقيّة. لا أعرف كيف أمضت أمّي ليلتها، ولكن يمكنني إخباركم بكلّ ثقة أنّه لم يكن من الممتع مشاركة غرفة مع لاعبي فريقي.

من الطريقة التي تصرّف بها زملائي، أشكّ في أنّ أياً من هؤلاء الأولاد قد دخل غرفة فندق من قبل. وقد فكّرت بالفعل في استدعاء الأمن عدّة مرّات.

غير أنّني لم أفعل، وقد ارتكبتُ بذلك خطأ كبيراً. إذ ما لبث أحدهم أن بدأ معركة بمكعبات الثلج، وأصاب رشّاش مياه في السقف.

اتّضح أنّه عندما تنطلق رشّاشات المياه، فإنّها تطلق معها إنذار الحريق.

هكذا أمضينا الساعتين التاليتين في الخارج في البرد القارس، مع بقيّة نزلاء الفندق، بينما قام رجال الإطفاء بإعادة ضبط أجهزة الإنذار.

في الصباح، كانت أمّي منزعجة منّا للغاية، لكنّ تركيزها بدا منصبّاً على اليوم الذي ينتظرنا.

أثناء تناول طعام الإفطار، أخبرتنا أنّنا نتّجه إلى الربع الأخير، وأنّه علينا جميعاً أن نلعب كفريق لتحقيق الفوز اليوم.

ثمّ أخبرَتنا كيف كان إحساسها عندما خسرت آخر مباراة لها، وأنّها ما زالت تتساءل أحياناً ما إذا كان بإمكانها التصرّف بطريقة مختلفة في ذلك الوقت لتغيير النتيجة. قالت أمّي إنّها لا تريدنا أن نشعر بأيّ ندم، لذلك علينا أن ندع كلّ شيء، على أرض الملعب اليوم عندما نغادره.

كان خطاباً جيّداً بلا أيّ شكّ، لكنّ الفرق بين فريق أمّي وفريقنا أنّ فريقها كان يحاول أن يثبت أنّه الأفضل، في حين أنّنا نحاول وحسب ألّا نكون الأسوأ. لذا، لم نكن بحاجة حقّاً إلى الحافز الإضافي.

صباح أمس، عندما وصلنا إلى البطولة، لم يكن أحد يعرف من نكون. ولكن بعد أن أطلقنا جهاز إنذار الحريق الليلة الماضية، أصبح الجميع يعرفوننا.

والفريق الذي لعبنا ضدّه في الجولة التالية كان مصمّماً على الانتقام. كان الفريق الوحيد المؤلّف من فتيات في البطولة بأكملها، وأعتقد أنّهنّ انزعجن للغاية من اضطراب نومهنّ. هكذا، عندما واجهنا الجنّيات، كنّ على أتمّ الاستعداد للّعب.

في الربع الثالث، اضطرّت أمّي لإخراج روبي من المباراة لمنحها قسطاً من الرّاحة. إلّا أنني تمنّيت حقّاً لو لم تضعني أنا في مكانها، لأنّ الأمر كان أشبه بإلقاء اللحم النيّئ لقطيع من الذئاب الجائعة.

لا أتذكّر حتّى كم كانت النتيجة النهائية. كلّ ما أعرفه أنّنا خسرنا، وخرجنَ هنّ من البطولة.

لا أفهم كيف صمدت الجنّيات كلّ هذا الوقت في البطولة من دون فوز، لأنّ أولئك الفتيات كنّ عنيفات فعلاً. لكن عندما رأيت الفريقَين اللذين كانا لا يزالان يقاتلان من أجل فرصة العودة إلى الديار، استطعت أن أفهم أخيراً سبب بقائهنّ.

كان الفريقان المتبقّيان هما فريق هاسكي الأصليّ وفريق البرابرة. وكلاهما بدوا فظيعَين بالقدر نفسه بنظري، لذا، لم يكن من الواضح أيّ منهما هو الذي سيخسر.

لكنّ فريق البرابرة كان يلعب بخمسة لاعبين فقط بدون أيّ لاعبي احتياط. لذلك، على الرغم من أنّهم قاتلوا بضراوة، إلّا أنّ طاقتهم نفدت في النهاية. وبالنتيجة، بات عليهم مواجهتنا في النهائيات.

كان يجدر بي أن أدرك هذا الأمر منذ البداية، فمن غير الممكن أن تعود جميع الفرق في هذه البطولة إلى ديارها فائزة. ذلك أنّ الفريق الذي سيخسر المباراة الأخيرة سيعرف بالتأكيد أنه أسوأ فريق في الولاية بأسرها.

لذلك أردنا جميعاً الفوز في المباراة الأخيرة، لكنّ أكثر من أراد ذلك كانت أمّي. وقبل أن نبدأ، راجعت خطّة اللعب وأجرت في اللحظة الأخيرة بعض التغييرات على التشكيلة.

في تلك المرحلة، كان الجميع قد غادروا المبنى تقريباً، وأصبح المكان خالياً عمليّاً. لكن فجأة، دخل شخصان من الباب.

كان بريت ينتعل حذاءً من نوع ما، لذا، أعتقد أنّه لم يعد بحاجة إلى العكّازات.

سألت أمّي الأستاذ باتيل عمّا أتى بهما إلى هنا، فقال إنّهما سمعا أنّنا نلعب اليوم، لذا فقد أتيا لدعمنا.

فقالت له أمّي إنّنا لسنا بحاجة إلى مشجّعين، بل إلى لاعبين. ثمّ سألت بريت ما إذا كان يرغب في اللعب بحذائه. وأعتقد أنّ بريت اشتاق للمشاركة في اللعب، لأنّه وافق على الفور.

لحسن الحظّ، احتفظت أمّي بقميص احتياطيّ في حقيبتها، فأعطته لبريت لكي يرتديه. ثمّ وضعته في التشكيلة الأساسيّة، وأخبرتنا أنّها ستجري تغييراً إضافياً على الخطّة.

شطبت أمّي جميع المناورات السابقة واستبدلتها بمناورة واحدة فقط، وكانت بعنوان «أحضروا الكرة لبريت». وقد سُرّ الجميع بذلك، لأنّنا حصلنا أخيراً على خطّة مفهومة.

أطلق الحكم صافرة البداية وفزنا بالافتتاحيّة. فقد مرّر يوسف الكرة إلى بريت، الذي كان يلعب بساق واحدة أفضل منّا جميعاً بساقَين.

المشكلة الوحيدة أنّه لا يستطيع الجري. وكلّما سجّل هدفاً، كان فريق البرابرة يسجّل هدفاً سهلاً في الطرف الآخر من أرض الملعب.

قبل نهاية الشوط الأوّل مباشرة، حدث أمر مرّوع حقّاً. إذ حاولت مجموعة من أعضاء الفريق الآخر منع بريت من تسديد الكرة، وفي أثناء ذلك، داس على قدم لاعب الهجوم بحذائه.

قام مدرّبهم، هو ولاعب آخر، بمساعدة الفتى على النهوض عن الأرض ومغادرة الملعب. فما كان منّا نحن إلّا أن صفّقنا جميعاً، لأنّه لسبب ما، هذا ما يفترض فعله في موقف كهذا.

انخفض عدد أعضاء فريق البرابرة الآن إلى أربعة لاعبين. فقال رئيس الحكّام إنّه يتعيّن على هذا الفريق، بما أنّه لم يعد كاملاً، أن ينسحب من البطولة. وأعتقد أنّ مدرّبتهم كانت متّفقة تماماً مع هذا الرأي.

لكنّ أمّي لم توافق. قالت إنّنا إذا كنّا سنفوز، فهي تريدنا أن نفعل بجدارة، من خلال مواجهة عادلة. لذلك اقترحت أن ترسل أحد لاعبي فريقنا إلى الفريق الآخر حتّى نتمكّن من إنهاء المباراة.

أعتقد أن مدرّبة الفريق الآخر رأت أنّه ليس لديها ما تخسره، لذلك وافقت على العرض، ثمّ قالت إنّها ستأخذ بريت. غير أنّ رئيس الحكّام اعترض قائلاً إنّ أمّي هي التي يجب أن تقرّر أيّ لاعب سترسل إلى الفريق الآخر. وبعد التفكير في الأمر لمدّة دقيقة، اختارتني أنا.

بصراحة، صُدِمت نوعاً ما، لأنّني لم أتوقّع يوماً أن
تتمّ مقايضتي من قبل أمّي. ولكن بينما كنت متوجّهاً
إلى مقعد الفريق الآخر، همست بشيء في أذني.

حسناً، أصبحتُ الآن في حيرة من أمري. فأنا أرغب
في أن يفوز فريقنا بهذه المباراة تماماً مثل أمّي،
لكنّني لم أتخيّل أنّها تريدني أن أغشّ في اللعب.
مع ذلك، كنت على استعداد لفعل أيّ شيء، حتّى لو
تطلّب الأمر ارتداء قميص شخص آخر.

عندما بـدأ الشـوط الثـاني ، نـزلت علـى الأرض، وتصرّفت كـما لو كنتُ أبـذل قصارى جهدي . لكن أعتقد أنّ زملائي الجـدد في الفريق لم يثقوا بي على أيّ حال ، لأنّهم لم يمـرّروا لي الكُرة .

بعد بضع دقائق، قرّرتُ الوقوف في الزاوية لأبتعد عن طريق بقيّة اللاعبين . وكـان هـذا في الواقع موقعاً رائعاً لمشاهدة المباراة، التي بـدأت تصبح ممتعة حقّاً.

كلّما سجّل بريت هدفاً عجيباً، كان أحد أعضاء فريق البرابرة يسجّل هدفاً في الطرف الآخر . واستمرّ الحال على هذا المنوال طوال الشوط الثاني بأكمله، فيما استغرقتُ في مشاهدة المباراة لدرجة أنّني نسيت أنّني مشاركٌ فيها في الواقع .

لذلك، عندما أخطأ بريت تسديدة ثلاثية وارتدّت الكرة عن حافّة السلّة، صُدمتُ عندما وصلت إليّ.

لم أعرف ما إذا كان عليّ تمريرها أم تنطيطها أم ماذا تحديداً. غير أنّني لم أستطع فعل شيء، على أيّ حال، لأنّ جميع زملائي السابقين هجموا عليّ فجأة.

بدأ الوقت ينفد، وكان فريق البرابرة متأخّراً عنّا بنقطتين. لذلك نظرت إلى المقعد علّني أعرف ما تريد أمّي منّي فعله، لكن لم يبدُ عليها أنّها كانت تهتف لي بالضبط.

أدركت في تلك اللحظة لماذا أرسلتني أمّي إلى الطرف الآخر أساساً. لم يكن ذلك لأنّني فعلاً «سلاحها السرّي»، بل لأنّني فاشل. وقد عرفَت أنّني سأتسبّب بخسارة الفريق الآخر.

لكن بحلول ذلك الوقت، لم أعد أكترث بصراحة. ولم أكن أريد سوى التخلّص من الكرة لأمنح نفسي مساحة صغيرة.

عندما رميتُ الكرة، تجمّد الجميع، وشعرتُ أنَّ الزمن قد توقّف. خلال هذا الوقت، اكتفى كلّ الحاضرين بمشاهدة الكرة وهي تطير في الهواء.

وعندما عبرَتِ الكرةُ السلّةَ في الجانب الآخر من الملعب، كان بإمكانكم سماع رنّة الإبرة.

كانت تسديدتي جيّدة بحيث استحقّت ثلاث نقاط،
ممّا جعل البرابرة يتقدّمون بفارق نقطة واحدة.
وعندما انطلق الجرس الأخير، احتشد زملائي الجدد
في الفريق حولي .

أدركتُ أخيراً أما معنى أن تكون بطلاً. وللمرّة الأولى،
استطعتُ أن أفهم سبب حماسة الجميع للرياضة
إلى هذا الحدّ .

في الواقع، خطر ببالي أنّ ما حدث يمكن أن يتحوّل إلى فيلم جيّد. لذلك بدأت أسعى للحصول على تواقيع من زملائي الجدد في الفريق.

لا بدّ لي من القول إنّ أمّي كانت محقّة حين قالت إنّ الرياضة تجمع بين الناس. فبعد المباراة، خرجنا أنا والفتيات لتناول المثلّجات. وقد استمتعنا كثيراً بحيث قرّرنا تكرار التجربة.

حتّى إنّنا تحدّثنا عن جمع الفريق معاً، وخوض البطولة مجدّداً في العام المقبل. وعلى الرغم من أنّ ذلك قد يكون ممتعاً، إلّا أنّني أعتقد أنّه في بعض الأحيان يجب عليكم التوقّف وأنتم في الصدارة.

شكر

شكراً لكل محبي سلسلة «مذكرات طالب» لأنهم ألهموني وحفّزوني على كتابة هذه الحكايات. شكراً لكل أصحاب المكتبات لأنهم وضعوا كتبي في متناول الأولاد.

شكراً لأفراد عائلتي على كل الحب والدعم. أمتعتني فعلاً مشاركتكم هذه التجربة.

شكراً لكل الزملاء في «منشورات أبرامز» لأنهم عملوا بكدّ لإصدار هذا الكتاب. شكراً خاصاً لرئيس التحرير تشارلي كوشمان، والناشر جايسون ويلز، ومدير التحرير سكوت أويرباش.

شكراً لكل شخص في هوليوود عمل بكدّ لإنجاح شخصية غريغ هيفلي؛ ولا سيما نينا، وبراد، وكارلا، وريلي، وإليزابيت، وثور. وشكراً لكما سيلفي وكيث على مساعدتكما وإرشادكما.

الكاتب

جيف كيني هو أحد المؤلفين الأكثر مبيعاً على لائحة نيويورك تايمز، وقد فاز ست مرات بجائزة الكتاب المفضل للأولاد من نيكلوديون. كما تمت تسمية جيف واحداً من أكثر الشخصيات المئة المؤثرين في العالم على لائحة مجلة تايمز. وهو منشئ موقع بوبتروبيكا Poptropica الذي اختارته مجلة تايم واحداً من أفضل خمسين موقع إنترنت. قضى طفولته في واشنطن، العاصمة، ثم انتقل إلى نيوإنغلند في العام 1995. وهو يعيش حاليًا مع زوجته وولديه في ماساتشوستس حيث يملكون مكتبة تدعى An Unlikely Story.